Reinhard Bicher

Dawson's Creek
Die Wurzeln

Bibliografische Information der Deutschen Nationalbibliothek:
Die Deutsche Nationalbibliothek verzeichnet diese Publikation in der Deutschen Nationalbibliografie. Detaillierte bibliografische Daten sind im Internet über http://www.d-nb.de abrufbar.
ISBN 978-3-85022-483-3

Alle Rechte der Verbreitung, auch durch Film, Funk und Fernsehen, fotomechanische Wiedergabe, Tonträger, elektronische Datenträger und auszugsweisen Nachdruck, sind vorbehalten.

© 2009 novum Verlag, Neckenmarkt · Wien · München
Lektorat: Mag. Ulrike Bonarius
Titellayout: Martin Bicher; Pastellkreidearbeit; Original A3; 2008

Gedruckt in der Europäischen Union auf umweltfreundlichem, chlor- und säurefrei gebleichtem Papier.

www.novumverlag.com

Vorwort

Dawson's Creek, eine der faszinierendsten und bewegendsten Serien der TV-Geschichte;
 eine meisterhafte Kombination aus Witz, mitreißenden Dialogen, Niveau, Tiefgang, Subtext und Emotionalität.
 Wie viele andere TV-Serien auch gliedert sich diese, von der Öffentlichkeit in ihrer Qualität oftmals leider sträflich unterschätzte, in verschiedene Abschnitte, zeitlich wie auch inhaltlich.
 Während sich die beiden ersten Serienstaffeln mit dem Einstiegsjahr der Protagonisten in die Highschool auseinandersetzen, führt die dritte Staffel hin zur fatalen Dreiecksbeziehung der Hauptcharaktere. Die vierte wiederum beschäftigt sich mit dem anstehenden Highschoolabschluss und den Ausblicken auf die Studienzeit, während Staffel fünf und sechs dem Städtchen Capeside den Rücken kehren und die ersten beiden Studienjahre der Freunde in der Großstadt beleuchten, um im Serienfinale Ansätze zur Lösung von „Dawson's Creek" zu finden.

Der vorliegende dritte und letzte Band dieser Reihe betrachtet und analysiert nun in 35 Episodenbeschreibungen und ebenso vielen Kritiken das so begeisternde, einfühlsame und von allen Fans in seiner Qualität so hoch eingeschätzte „frühe DC, die Ursprünge und Wurzeln", also die erste und zweite Serienstaffel.

Die Protagonisten stehen vor ihrem ersten Highschooljahr; die langjährige Freundschaft von Dawson Leery und Joey Potter entwickelt sich hin zur ersten großen Liebe, subtil nimmt man sich den Problemen der pubertierenden Protagonisten an, führt feinfühlig das Thema der Homosexualität ein, lässt aber ehelich-familiäre Probleme mit oft gravierenden Auswirkungen auf den Nachwuchs auch keineswegs außer Acht.
 Alle Fassetten der menschlichen Existenz werden beleuchtet …

Letztlich soll erkannt werden, dass man auch die erste und zweite Serienstaffel von „Dawson's Creek" keineswegs unterschätzen, keineswegs als „Soap" oder „Teeniedrama" bezeichnen darf, sondern dass die Botschaften und Werte, die vermittelt werden, auf ein weit größeres Zielpublikum jeglicher Altersklasse zugeschnitten sind, auf Menschen, die sich mit den gedanklich-analytischen Ansprüchen und dem hohen Niveau der Serie auseinandersetzen wollen.

Dawson's Creek Staffel 1

EPISODE 1.00
„Alles wird anders" „Pilot"

Friedlich liegt ein hübsches Haus da; es herrscht Abendstimmung …

Die Kamera blendet über auf zwei junge Leute, die bäuchlings nebeneinander auf einem Bett liegen und sich Steven Spielbergs „ET" ansehen.

Bald wird klar, dass es sich bei dem Pärchen um zwei unzertrennliche Freunde handelt; das Mädchen hört auf den Namen Joey, Josefine, der Junge heißt Dawson, Dawson Leery, in dessen Zimmer sich die beiden befinden.

Joey schläft seit vielen Jahren immer am Wochenende bei ihrem Freund, einem offensichtlichen Filmfreak, doch dieses Mal möchte sie nicht mehr hier nächtigen. Sie möchte nachhause, findet es einfach unpassend, dass sie weiter hier übernachtet. Immerhin kommen die beiden demnächst in die zehnte Klasse, sind also fünfzehn Jahre alt, Joey meint, Brüste zu haben, und weist auf Dawsons Genitalien hin.

Dieser versteht das überhaupt nicht.

Er ist sich völlig sicher, dass ihrer beider Freundschaft trotz eventuell in Zukunft auftretender sexueller Probleme weiterbestehen kann, und er argumentiert letztlich überzeugend …

Joey entschließt sich letzten Endes doch, hier zu bleiben.

Mit einem „Gute Nacht" auf den Lippen schlüpfen die beiden gemeinsam unter die Decke.

Flott und jugendlich erklingt nun der Titelsong „Run like mad", eine Signation, die in der deutschen Synchronisation nur auf die erste Serienstaffel beschränkt ist.

Dawson dreht seinen ersten Film, mit dem er bei einem Filmwettbewerb für Nachwuchsregisseure in Boston reüssieren möchte.

Joey und sein bester Freund Pacey sind dabei schauspielerisch tätig, womit recht rasch auch der dritte Protagonist vorgestellt wird, der sich in der ersten Szene als Grapscher an Joeys Allerwertestem vorstellt und auszeichnet, womit bereits ein sehr treffender Hinweis auf eines seiner Charaktermerkmale gegeben wird.

Mit dem Eintreffen eines gelben Taxis kommt Bewegung in die Runde, denn diesem entsteigt ein hübsches blondes Mädchen, Jen Lindley, die Enkelin von Mrs. Ryan, Dawsons ungeliebter Nachbarin.

Schnell finden die beiden Jungen und vor allem Dawson Gefallen an der ebenfalls fünfzehnjährigen New Yorkerin, die ab sofort ihre Großmutter bei der Pflege des herzkranken Großvaters unterstützen und auch die gleiche Schulklasse wie die anderen besuchen soll. Joey jedenfalls ist das Eindringen des fremden Mädchens in ihren Kreis gar nicht gleichgültig. Von Anbeginn weg reagiert sie eifersüchtig und aggressiv, womit zwei ihrer Charakterzüge rasch beschrieben sind; es baut sich sofort Spannung auf, welche die Jungs jedoch nicht bemerken.

Im Gegenteil – fröhlich und voller markig-zotiger Sprüche auf den Lippen ertappen sie Dawsons Eltern beim Üben des Kamasutras in unmittelbarer Umgebung des Couchtisches im Wohnzimmer, womit auch eine der absoluten Lieblingsbeschäftigungen des Ehepaares in mittleren Jahren recht rasch zu Tage kommt.

Dawson jedoch empfindet gegenüber derlei lustbetonter Übungen abgrundtiefe Abneigung; für den deklarierten Spielbergjünger zählt nur die pure Romantik …

Pacey wiederum stört das gar nicht; er bevorzugt durchaus Handfestes und kann mit der ausgeprägt gefühlsbetonten Welt seines besten Freundes nicht viel anfangen.

Vor Joeys Heimstätte auf der anderen Seite des wunderbar romantischen Flusslaufes, an dem die ganze Gegend liegt, macht man nun Bekanntschaft mit Joeys schwangeren und offensichtlich älteren Schwester Bessie und deren farbigem Freund, dem Koch Bodie, wobei sich das junge Mädchen der Älteren gegenüber wiederum durch aggressives und zickiges Verhalten auszeichnet.

Der Videoverleih des Heimatstädtchens der Protagonisten ist Dawsons und Paceys Arbeitsstätte. Beide wirken freundlich und kompetent. Eine bildhübsche Frau um die vierzig, Tamara, betritt den Laden und beginnt heftig mit Pacey zu flirten. Zusätzlich möchte sie die „Reifeprüfung" ausleihen, was bei dem Jungen erst recht zu unheiligen Gedanken führt.

Dawson trifft Jen auf dem Bootssteg vor dem heimatlichen Grundstück. Das erste Mal erklingt Sophie B. Hawkins Song „As I Lay Me Down", der viel später zu Beginn der sechsten Staffel in einem ganz anderen Zusammenhang wieder den Soundtrack zu ganz wichtigen Szenen bilden wird.

Dawson erzählt Jen von seiner Filmbesessenheit und von seiner Ablehnung aller Realität, und er zeigt ihr sein Zimmer, das mit Postern von Spielberg-Filmen austapeziert ist. Gleichzeitig argumentiert er, man könne alle Probleme des Lebens mit den entsprechenden (Spielberg-)Filmen lösen.

Jen wiederum beklagt die „Betschwestern-Mentalität" ihrer Großmutter, von der sie alsbald gerufen wird, was das blonde Mädchen zum Heimgehen veranlasst. Gleichzeitig betritt wieder Joey die Bildfläche. Gemeinsam mit Dawson betrachtet sie die TV-Nachrichten, welche Dawsons Mutter moderiert. Dawson behauptet fest und steif, seine Mutter würde mit ihrem Moderatorkollegen schlafen, was Joey für völlig aus der Luft gegriffen bezeichnet. Er, Dawson, suche nur Konfliktstoff für seinen Film und er solle doch gefälligst sein paradiesisches Leben als solches akzeptieren.

Szenenwechsel: Capeside Highschool …
Hiermit wird klar, wie das Städtchen heißt …
Und die Überraschungen reißen nicht ab. Die attraktive Frau aus dem Videoladen stellt sich als Paceys neue Englischlehrerin vor. Der Junge ist gänzlich aus dem Häuschen, baggert die Begehrenswerte kräftig an und sichert ihr die Reservierung eines anderen Videos zu, was die Lehrkraft ablehnt, da sie stattdessen abends ins Kino gehen möchte …

Joey und Jen finden sich sehr zum Missfallen Ersterer in ein und derselben Klasse wieder.

In einem Gespräch erklärt Joey ihrer plötzlichen Konkurrentin ihre persönliche Situation als Halbwaise, deren Vater wegen Drogenhandels derzeit inhaftiert ist und die bei der schwangeren älteren Schwester und deren farbigem Freund lebt. Jen brauche sich also nicht wundern, dass deren Großmutter ihr, Joey, gegenüber nicht unbedingt positiv eingestellt ist. Gleichzeitig aber warnt sie die blonde New Yorkerin eindringlich davor, mit Dawsons Gefühlen zu spielen.

Dieser möchte unbedingt am Filmkurs der Schule teilnehmen, doch sind leider schon alle Plätze belegt, da für den Leiter, Mr. Gold, die oberen Klassen Priorität haben und die Platzanzahl beschränkt ist. Fassungslos und tieftraurig muss Dawson diese Tatsache zur Kenntnis nehmen.

Der Junge nimmt sich ein Herz und lädt Jen zu einem gemeinsamen Kinobesuch ein, wobei Pacey auch mit von der Partie sein soll. Inständig bittet er Joey, sie möge auch mitgehen, es solle aussehen, als wären sie zwei Pärchen, und Jen solle sich doch wohl fühlen.

Nach einigem Hin und Her sagt die groß gewachsene Brünette zu.

Vor dem Kinobesuch kommt es nun noch zu einer bemerkenswerten Begebenheit im Haus der Familie Leery. Mitch, Dawsons Vater, ist mit der Planung für ein Meeresrestaurant beschäftigt, was Dawson als Spinnerei, aus der ohnehin wieder nichts wird, bezeichnet. Gale Leery, Dawsons Mutter, moderiert indes die TV-Nachrichten des lokalen Senders, deren Betrachtung ihr Mann als optimales Vorspiel sieht. Dawson bekrittelt daraufhin, dass die ganze Welt nur an Sex denke, und merkt an, dass Spielberg niemals eine Sexszene gedreht hat, weil dieser für das Leben vernünftige Prioritäten gesetzt hat, was wiederum Mitch Leery nur ein müdes Lächeln entlockt.

Auf dem Weg zum Kino benimmt sich Joey völlig unmöglich. Ihre eifersuchtsgeladenen Zickereien kennen keine Grenzen. Unverhohlen fragt sie Jen, ob sie denn noch Jungfrau sei, denn Dawson hätte noch keinerlei sexuelle Erfahrung. Jene bejaht das und hinterfragt ihrerseits das Gleiche bei Joey, worauf ihr jene mit der Lüge, sie wäre schon vor Jahren vom Fernfahrer Baba entjungfert worden, kontert.

Dawson ist wütend; Joey hat ihn und sich selbst schrecklich bloßgestellt.

Während der Vorstellung versucht Dawson vorsichtig Jens Hand zu nehmen, worauf Joey erneut ausrastet, was zu einem heftigen Streitgespräch zwischen dem Jungen und der Eifersüchtigen führt. Schonungslos hält Joey ihrem Freund einen Spiegel vor das Gesicht, kritisiert sein egozentrisches und unsensibles Verhalten.

Pacey hat wie erwartet seine Lehrerin Tamara Jacobs, die sich in Begleitung von Mr. Gold befindet, im Kino getroffen. Tamara ist die ganze Sache peinlich; sie möchte, dass der Junge wieder an seinen Platz zu seinen Freunden geht. Mr. Gold hilft der Sache etwas nach; ein Säckchen Popcorn entleert sich daraufhin über einen dahinter sitzenden Kinobesucher, was Pacey ein blaues Auge beschert.

Dawson begleitet Jen nachhause. Das Mädchen zeigt sich trotz der Pannen von dem Jungen äußerst angetan. Zu dem erhofften Abschiedskuss kommt es dennoch nicht, da die gestrenge Großmutter bereits in der Türe auf die Enkelin wartet.

Noch einmal, am Hafen des Städtchens, treffen Tamara und der schrecklich zugerichtete Pacey aufeinander. Der Junge analysiert deren Situation mehr als treffend, indem er sie bezichtigt, den Flirt sehr wohl zu genießen und sich dabei wieder jünger zu fühlen. Die Lehrerin widerspricht nicht, woraus sich ein leidenschaftlicher Kuss ergibt. Verwirrt und über sich selbst schockiert zieht sich jene zurück …

Dawson kehrt nachhause zurück und findet Joey im Kastenraum seines Zimmers sitzen vor. Beide entschuldigen sich für ihr Verhalten, Dawson gesteht, dass er seine Freundin an diesem Abend zum ersten Mal hübsch gefunden hatte, doch das Gefühl sei nicht darüber hinausgegangen. Joey erklärt, sie hätte nicht gewollt, dass Dawson Jens Hand nähme; sie hätte aber auch nicht gewollt, dass er ihre genommen hätte. Beide beklagen ihre sich so rapid verändernde Beziehung. In der Überzeugung, sie könnten einander nicht mehr alles sagen, einander nicht mehr so vertrauen wie früher, klettert Joey aus dem Fenster und steigt traurig und weinend die Leiter hinunter.

In Anlehnung an Joeys unbeantwortet gebliebene Frage, wie oft Dawson sich einen „runterhole", tritt der Junge ans Fenster und ruft ihr nach, dass er bloß die Sterne für sie vom Himmel herunterhole.

Voll Freude blickt Joey zu Dawson hinauf, lauthals beginnt sie zu lachen, steigt in ihr Boot und beginnt zu rudern, da erblickt sie Dawsons Mutter, die klammheimlich ihren Reporterkollegen küsst …

REVIEW 1. 00

1998 startete „Dawsons Creek" in den USA mit seiner Pilotfolge und hat sich sukzessive zu einer der erfolgreichsten Serien der TV-Geschichte entwickelt.

Und das keineswegs zu Unrecht …

Im deutschsprachigen Free-TV erfolgte der Einstieg im Jahr 1999.

Vom Prolog weg taucht man ein in eine eigene Welt, in einen eigenen Kosmos. Behutsam wird er aufgebaut, Mosaiksteinchen fügen sich aneinander.

Die Leiter, Faktotum von DC, Verbindung der Intimität von Dawson und Joey zur Außenwelt steht immerwährend an das Haus der Leerys gelehnt, geleitet zu Dawsons Zimmer, dem musal ausgestatteten Refugium der beiden.

Pastelltöne sind bestimmend, beherrschen die bezaubernde Landschaft rund um den romantischen Creek, die Buchten und Mäander des Flusses, der nicht weit von dem malerischen Städtchen Capeside in den Atlantischen Ozean mündet.

Alles scheint hier seine natürliche Ordnung zu haben.

Die Lebensweise und Traditionen der alten Ostküstenstaaten werden hochgehalten und zelebriert.

Drei Freunde, zwei Jungen und ein Mädchen, alle um die fünfzehn, sind hier gemeinsam aufgewachsen, haben sich unter der Führung von Dawson Leery ihre eigene kleine Welt gezimmert, eine Welt wie im Film …

Als Kontrapunkt zu der sensiblen Stimmung wirken nun die Dialoge, die von Witz und Sarkasmus nur so sprühen. Oftmals hat die Kritik hier angemerkt, diese wären nicht altersgemäß, würden zu den pubertierenden Jugendlichen nicht passen, doch das ist eben DC in seiner Einzigartigkeit, ist einfach ein weiterer Puzzlestein, der zu der Unverwechselbarkeit dieser TV-Serie beiträgt.

Abgesehen von den Auswirkungen, die sich aus den zum Teil grausamen persönlichen Schicksalen der Protagonisten ergeben, bekommt mit dem Erscheinen der Jen Lindley, der blonden New Yorkerin, die romantische Beschaulichkeit einen gehörigen Dämpfer. Im Serienfinale, in 6.23 und 6.24, bezeichnet diese sich selbst als „Instigator", als Störenfried, als Eindringling in die bislang so „heile" Welt, die sich jedoch recht rasch als zerbrechlich erweist.

Denn schon bald beginnen die Fassaden zu bröckeln ...

Meisterhaft werden dabei die Charaktere herausgearbeitet, ein großartiger Soundtrack unterstützt dies.

Joey stellt sich als Halbwaise heraus, deren Vater im Knast sitzt und die von ihrer schwangeren Schwester gleichsam aufgezogen worden ist. Der Vater des zu erwartenden unehelichen Kindes ist überdies ein Farbiger ...

Pacey präsentiert sich a priori als „affengeiler Mitläufer" mit starken Präferenzen für Joeys (nicht vorhandenes) Hinterteil, was jetzt schon einen durchaus interessanten Ausblick für die Zukunft verspricht.

Mit Tamara Jacobs hat Pacey nun seine Traumfrau gefunden; Pech, dass sie sich als seine Lehrerin erweist, und der Skandal ist perfekt ...

Jens Großmutter erweist sich als intolerante, von allen gefürchtete, streng religiöse und bestimmende alte Frau. So ist es nahezu vorprogrammiert, dass diese mit ihrer atheistisch eingestellten, frühreifen Enkelin gravierende Konflikte austragen wird.

Und ein weiteres wichtiges Thema in DC wird hiermit eingeführt, die Religion ...

Einzig Dawson Leery scheint ein paradiesisches Leben zu führen. Frei und ungezwungen kann er in behütetem Umfeld seiner Leidenschaft nachgehen, dem Filmemachen ...
Aus dieser Sicherheit heraus ist er der allzeit bestimmende Faktor; er zieht Pacey und Joey mit, macht sie zu Darstellern in seiner Fantasiewelt, die er in den Filmen auslebt, was einen eigenen Kosmos innerhalb der farbenfrohen DC Welt darstellt.

Diesen Umstand wird ihm Pacey in Staffel 3 übrigens einmal vorwerfen ...

Einzig der Lieblingssport seiner Eltern, das andauernde Ausüben sexueller Handlungen, stört das harmonische Gefüge, lässt Dawson diese Realität nicht zur Kenntnis nehmen, in Spielberg-Filmen, seinem Evangelium, gäbe es ja auch keine unkeusche Szene.

Spätestens mit der letzten Kameraeinstellung ist jedoch auch hier die Fassade morsch ...

Dawsons Mutter hat tatsächlich ein Verhältnis mit einem Kollegen.

Noch nicht klar definiert ist Dawsons Beziehung zu Joey, außer dass er deren bester Freund ist. In jedem Fall erscheint die nun am Höhepunkt befindliche Pubertätsphase gravierende Veränderungen zu provozieren. Veränderungen, die bei dem brünetten Mädchen aus physiologischen Gründen früher spürbar werden ...

Jedenfalls dürfte sie sich bereits Hals über Kopf heimlich in ihren besten Freund verliebt haben. Doch die möglichen massiven Änderungen in der Beziehung kann sie nun nicht akzeptieren. Dawson ist der Freund, seit jeher Mittelpunkt und Angelpunkt ihres Lebens; das soll, das muss auch so bleiben. Da darf sich einfach nichts ändern.

Eifersüchtig wacht sie über ihre Welt, lässt Jen als fremden Eindringling, für den sich der beste Freund auch noch zu interessieren beginnt, nicht zur Geltung kommen und macht ihr das deutlich klar. Ihr schwieriges Leben hat sie so gezimmert, wie sie ist, zickig, sarkastisch, zum Teil durchaus bösartig – aber, wie es scheint, immer direkt und ehrlich ...

Pacey hat sie als Dawsons Freund akzeptiert, obwohl sie den als Versager Abgestempelten partout nicht ausstehen kann.

Letztlich steht im Raume: „… ich will nicht, dass du meine Hand hältst, ich will aber auch nicht, dass du eine andere hältst …" Ein Problem, ohne Zweifel …

Ein Problem, das sich wie ein roter Faden durch große Teile von DC ziehen wird.

Aus all den Unsicherheiten und Veränderungen entsteht in dieser genialen, niveauvollen Welt nun eine Diktion, die sich in Subtexten ergeht. Immer erscheint es notwendig, zwischen den Zeilen zu lesen.

Dem Schöpfer, Kevin Williamson, ist jedenfalls etwas ganz Besonderes, etwas Einzigartiges gelungen, was schon in der Pilotfolge mehr als deutlich wird.

EPISODE 1.01
„Tanz auf dem Vulkan" „Dance"

Schauplatz: Dawsons Zimmer. Für eine ganz bestimmte Szene des „Ungeheuers aus der Tiefe" soll Joey das Ungeheuer Pacey küssen, was diese kategorisch ablehnt. Dawson ist indes mit Verbesserungsarbeiten an dem Modell eines Kopfes beschäftigt, das Joeys Haupt darstellen soll.

Joey fragt ihren Freund, ob dieser denn Jen schon geküsst hätte, was dieser verneint; wozu das Schicksal provozieren …

Noch immer kämpft Dawson darum, in den Filmkurs aufgenommen zu werden. Er greift zu einer List und überrumpelt so Mr. Gold. Letztlich darf er im Kursraum sein Lernpensum absolvieren, gehört aber definitiv nicht dem Kurs an und hat demnach grundsätzlich den Mund zu halten.

Das Filmprojekt des Kurses ist aber gar nicht nach Dawsons Geschmack; ein öder Sportfilm über das Footballteam soll da produziert werden.

Mit allen Mitteln versucht Dawson nun Jen zu beeindrucken und nimmt sie zum Ärger Joeys als weitere Darstellerin in sein eigenes Filmprojekt auf. Solle jene halt Pacey küssen …

Er ändert das Drehbuch und lässt Joey früher sterben, sodass für die neue Figur Platz geschaffen wird.

Im Zuge der Dreharbeiten an dieser Szene versucht Jen ihrer Widersacherin ein wenig näher zu kommen, sie wird es Joey schwer machen, sie nicht zu mögen.

So wird nun tatsächlich Jen von Pacey geküsst, was Dawson erst recht nicht in den Kram passt; er streicht die ganze Szene.

Der Junge erlebt nun den nächsten Schock. Das Projekt des Filmkurses, ein dünner Sportfilm, also ein Genre, das dem talentierten Filmemacher ein Gräuel ist, entpuppt sich als eine direkte Konkurrenz bei dem Wettbewerb, an dem auch Dawson mit seinem „Ungeheuer aus der Tiefe" teilnehmen möchte.

Dawson konsultiert seinen Vater, um diesen in Sachen Küssen um Rat zu fragen. Gerne ist dieser zu einer Nachhilfestunde bereit, ersucht aber gleichzeitig den Sohn das Video in seiner Kamera auszutauschen, hat dieser offenbar unheilige Handlungen mit seiner Angetrauten filmisch verewigt …

Anhand von Joeys Kopfmodell wird die komplexe Technik des Küssens dokumentiert, was von Joey heimlich beobachtet wird.

Sie belauscht aber auch ein Telefonat, das Dawsons Mutter mit ihrem Reporterkollegen und Corpus Delicti führt, spricht diese nun direkt darauf an und erklärt ihr, dass sie über deren außereheliche Aktivitäten Bescheid wisse, Dawson jedoch keine Ahnung davon habe.

Dieser ist in der Zwickmühle, hat doch mit Cliff ein Footballcrack ein Auge auf seine angebetete Jen geworfen und diese zu einem Schulfest eingeladen. So bittet er letztlich Joey, ihn dorthin zu begleiten. Beim Tanz scheinen die beiden einander näher zu kommen, werden aber durch Jen und Cliff gestört. Dawson verhält sich nun völlig ungebührlich. Eifersüchtig stellt er Jen zur Rede, worauf diese böse die Veranstaltung verlässt.

In der Meinung, nun endgültig verspielt zu haben, macht er sich nun gemeinsam mit Joey und Pacey auf den Heimweg.

Dieser hatte auch keineswegs einen positiven Tag, verleugnet doch Miss Jacobs den leidenschaftlichen Kuss, den sie mit Pacey hatte, und ist keineswegs zu einer Vertiefung des Kontaktes zu dem Jungen bereit.

Für Dawson endet der Tag nun doch noch positiv. Jen hat ihm verziehen und sie zeigt sich an ihm interessiert.

Entgeistert muss Joey nun mit ansehen, wie ihr bester Freund nun doch den heiß begehrten Tanz mit seiner Angebeteten bekommt.

DC Review 101

War schon dem Piloten die Zensur „Extraklasse" verliehen worden, so kann diese Auszeichnung für den „Tanz auf dem Vulkan" durchaus noch getoppt werden.

Die erste „offizielle" DC-Episode glänzt durch unglaubliche, vor Sarkasmus und Witz sprühende Dialoge und durch den für DC so typischen und richtungsweisenden Subtext, der überall deutlich durchschimmert.

Wie für S 1 üblich, führt der Prolog in Dawsons Zimmer, wo Joey auf unnachahmliche Art das DC-Kultvokabel „unküssenswert" ins Leben ruft.

Dawson definiert nun seinerseits völlig berechtigt den sinnlichen Mund des Mädchens als „Kussmund".

Zwischendurch Joeys Zitat aus dem Prolog, Dawsons Selbsteinschätzung betreffend: „… wenn es dir hilft, ruhig zu schlafen …", einfach klasse!!

In jedem Fall ein herrlicher Einstieg …

Joeys Kopfmodell begleitet die Zuseher jetzt etliche wichtige Szenen lang, wobei anfangs nicht recht klar wird, wozu der Torso eigentlich dienen soll.

Tatsache ist jedenfalls, dass K.W. bzw. die Autoren hier offensichtlich eine kleine motivische Anleihe bei Oscar Wilde und Richard Strauss und dem biblischen Stoff um Johannes den Täufer genommen haben dürften.
Joeys filmische Enthauptung jedenfalls ist von der Pikanterie, aber auch von der herrlich naiven, amateurhaften, aber sehr effektiven Technik her absolute Spitzenklasse: „Und … aus!!!" „Joey, du stirbst so herrlich …" Jeder Kommentar ist hier überflüssig …
Interessant erscheint die Tatsache, dass auch Jen Joeys Kopfmodell als Requisite in Händen trägt …
Jedenfalls blitzt in dieser Episode ganz klar Kevin Williams Faible für den Horrorfilm kräftig durch …

Zwei Mal innerhalb von kürzester Zeit wird Joey von Vertretern beiderlei Geschlechts darauf hingewiesen, wie hübsch sie sei. Bei Dawson im Piloten (1.00) hatte sie erfreut und überrascht reagiert, nun – bei Jen – reagiert sie ungläubig, abwehrend: „… ich bin zu groß …" Die ganze Szene ist eine von Katie Holmes schauspielerischen Meisterleistungen und zeigt sehr deutlich, wie schwer sich Joey mit anderen Vertreterinnen des weiblichen Geschlechts tut, wie sehr sie diesen misstraut.

Sehr aussagekräftig und wunderschön ist der von Joey belauschte Dialog Dawsons mit dessen Vater, was die Technik des Küssens betrifft. Hier wird erstmals sonnenklar, wie verliebt das Mädchen in Dawson ist, wie sehr sie sich nach ihm sehnt, und im Soundtrack erklingt nun erstmals in voller Lautstärke das zarte melodische DJ-Liebes-Motiv.
Es spricht für Joeys Mut, dass sie Gale Leerys Fehltritt direkt mit der betreffenden Person bespricht, und man erfährt aus den damit zusammenhängenden Dialogen etliches über die Vorgeschichte der Familie Potter, was eine sehr gute Lösung darstellt …

Der Plot um Dawson und Jen verläuft für den Jungen eher wie der pure Horror. Im Filmkurs hat er als Nichtteilnehmer den Mund zu halten, er wird mit einem dämlichen Sportfilm als seine direkte Konkurrenz gequält und muss ziemlich hilflos zusehen, wie ihm Jen langsam, aber sicher ausgespannt wird.

Joey tut das Richtige; sie begleitet Dawson zu seiner vermeintlichen „Hinrichtung" auf das Schulfest.

Wunderbar die Tanzszene: „Du tanzt ziemlich gut …" Das heimliche Begehren des Mädchens, aber auch Dawsons langsame Wandlung seiner Gefühlswelt wird mit einem Blick offenkundig …

Ein Detail, auf das schon beim Piloten hingewiesen wurde, wird in der Szene mit Pacey, Dawson und Joey auf der Straße erneut sehr deutlich, nämlich, wie klein die an sich groß gewachsene Joey aufgrund der Kameraposition in der Relation zu Dawson, aber auch zu Pacey wirken soll. Eine interessante Symbolik …

Die Storyline um Pacey und Miss Jacobs verdichtet sich. Die Lehrerin verdrängt den Kuss, doch Pacey lässt nicht locker. Beim abschließenden Dialog der beiden entscheidet letztlich nur mehr der Bauch. Alle vernünftigen Worte werden in den Wind geschlagen.

In den finalen Szenen erhält Dawson zwar letztendlich seinen heiß begehrten Kuss von Jen erneut nicht, doch er bekommt seinen Tanz. Joeys Blick hin zu den beiden Tanzenden spricht Bände; hat sie jetzt schon verloren? …

EPISODE 1. 02

„Drehbuch für einen Kuss" „Kiss"

Anhand einer Szene aus „Verdammt in alle Ewigkeit" versucht Dawson der ungläubigen Joey zu erklären, wie er die Romantik seines ersten Kusses mit Jen drehbuchmäßig herstellen möchte. Die Freundin hält dies allerdings für gänzlich verrückt und versucht Dawson mit starken Argumenten von der Unsinnigkeit seines Tuns und seiner krausen Filmlogik zu überzeugen.

Mit dem Hinweis auf Steven Spielbergs Peter-Pan-Syndrom verlässt sie den unverbesserlichen Träumer und steigt die Leiter hinab.

Der Filmkurs gestaltet sich für Dawson zu einem reinen Horror. Nicht nur, dass seine gut gemeinten und durchaus professionell wirkenden Ratschläge, die Dramaturgie des geplanten Sportfilms „Helme des Ruhms" betreffend, belächelt und grob in den Wind geschlagen werden, er muss zusätzlich den Produktionsassistenten spielen, damit er weiterhin an dem Kurs teilnehmen darf. Zu allem Überdruss wird von Cliff nun auch noch Jen als Cheerleaderin für diesen Film engagiert.

Letzten Endes gelingt es dem Jungen, eine professionelle Kamerafahrt zu Stande zu bringen, was beim Produktionsteam, wie auch bei seiner Angebeteten, mächtig Eindruck macht.

Paceys schulische Leistungen sind im Keller. Das erfährt nun auch Miss Jacobs und sie erklärt sich bereit, dem Jungen nach dem Unterricht Nachhilfe zu geben, was dieser auch reiflich ausnützt und so allerhand über die Lehrkraft erfährt. Tatsächlich gibt sich Pacey nun auch lernwillig, er kann die gestellten Fragen tadellos beantworten und erwartet dafür eine angemessene Belohnung; unverblümt bietet ihm Tamara Sex im Klassenzimmer an, doch schnell stellt sich heraus, dass dies Paceys erstes Mal wäre, und die Lehrkraft schreckt zurück. Pacey lässt jedoch nicht locker und erhält letzten Endes auch seine Belohnung – eine Art Date für den Abend.

Dawson und Pacey finden sich im Ice-House, in Bessies Lokal ein, in dem Joey neben der Schule als Servierkraft tätig ist. Ersterer muss für das Produktionsteam nahrhaftes Fast Food besorgen, Pacey möchte Austern als Aphrodisiakum für Tamara.

Ein attraktiver junger Mann aus New York namens Anderson verdreht nun Joey den Kopf. Sein virtuoses Violinspiel lockt das Mädchen daraufhin an. Der Junge lädt sie zu einer gemeinsamen Bootsfahrt ein. Joey flunkert dem Burschen gehörig etwas vor, stapelt hoch, gibt sich als New Yorkerin aus schwerreichem Elternhaus aus und bringt sich damit in eine unangenehme Lage, hat sie doch von den lokalen Gegebenheiten des Big Apple so gut wie keine Ahnung.

Außerdem meint Anderson, das Wichtigste bei einem Mädchen wäre deren Ehrlichkeit …

Es kommt nun zwar zu romantischen Strandszenen und zu einem Kuss der beiden; ins „Ice-House" zurückgekehrt fliegt Joeys Tarnung fast auf. Einzig Bodie erkennt die Lage und rettet halbwegs das Ansehen des Mädchens. Letztlich muss Joey einsehen, dass sie mit ihrer Hochstapelei einen Fehler begangen hat, und sie wirft den kleinen Zettel mit der Telefonnummer, die ihr Anderson gegeben hat, weg.

Dawson dreht mit Jen bei den Ruinen, einem höchst romantischen, doch leider verbotenen, weil in Privatbesitz befindlichen, Ort in Capeside, die Schlussszene seines Filmes. Das Licht stimmt nun, die Romantik, der paradiesische Ort …

Bevor es aber zu dem von Dawson so sehr herbeigesehnten Kuss kommt, muss Jen zu ihrem Schrecken feststellen, dass der Junge die Kamera hat laufen lassen, und bezichtigt diesen unlauterer Absichten. Mit viel Mühe kann Dawson dies allerdings entkräften.

Schritte sind zu hören; die beiden verbergen sich im Buschwerk und jetzt – endlich ist der Augenblick da, Dawson und Jen küssen einander.

Der Filmemacher hat jedoch in seiner Nervosität erneut vergessen, die Kamera abzuschalten. So nimmt er unbeabsichtigt eine Szene auf, die keineswegs jugendfrei ist, eine Szene mit Tamara Jacobs …

REVIEW 1.02

Dawson, der Träumer, Joey die Realistin …

Von diesen Rollenbildern werden die ersten Phasen von DC bestimmt.

Beginnend beim Zwist seiner Eltern, welcher die ersten drei Serienstaffeln maßgeblich beeinflusst, über die Entstehung des Triangles, bis hin zum Tod des Mr. Brooks in S 4 und dem Ableben des eigenen Vaters in S 5 wird der Junge Schritt für Schritt der Realität des Lebens zugeführt. In den finalen Phasen der sechsten Staffel muss dann Joey erkennen, dass sich längerfristig schon das Bild gewandelt hat, umgekehrt hat ...

Doch – noch ist es lange nicht so weit.

Vorerst muss in Dawsons Drehbuch der Rahmen für seinen ersten Kuss mit Jen geschaffen werden. Dawson, der naive Idealist ...

Seiner Freundin ist das völlig klar; der Filmklassiker in Schwarz-Weiß spiegelt genau die Denkart des Freundes wider, von der Joey in der finalen Folge von S 2 behaupten wird, sie sei Hauptgrund und gleichzeitig zerstörender Faktor ihrer Liebe zu dem Jungen.

Wie auch schon in den vergangenen Episoden brilliert nun wieder der Prolog mit genialen Dialogen.

Dawsons Inspiration wächst mit der Szene aus „Verdammt in alle Ewigkeit"; Joey relativiert jedoch alles; die Schauspieler seien womöglich homosexuell, gelangweilt, hätten Sand im Schritt; reine Zelluloidpropaganda.

Alles in allem kein gutes Szenario für Dawsons erste vorsichtige Schritte in Zusammenhang mit Jen ...

Und erstmals wird auf Spielbergs Peter-Pan-Syndrom angespielt, eine Aussage, die in der finalen Folge dieser Staffel nochmals zur Sprache kommt.

Kopfschüttelnd und warnend klettert Joey am Ende des Vorspanns die Leiter hinunter; ein guter Augenblick, um sich ein wenig mit der möglichen Bedeutung dieser Aufstiegshilfe auseinanderzusetzen.

In 5.04 „Trauer um Mitch" erfährt man von jenem Tag, an welchem Mitch Leery diese aufgestellt hat. Joey solle nicht mehr das Spalier hinaufklettern, da die Verletzungsgefahr zu hoch sei. Man kann also davon ausgehen, dass es der Familie Leery durchaus recht war, dass ihr behütetes Söhnchen mit dem Mädchen ständigen Kontakt pflegt. Andererseits ist es durchaus interessant, dass Joey nicht wie jeder andere ganz normale Mensch das Stiegenhaus benützt. Man kann davon ableiten, dass die Rechte Joeys schon von Anbeginn ganz besondere waren. Allerdings könnte man auch behaupten, dass die Leiter ein Symbol für einen sozialen Aufstieg Joeys ist, sind doch a priori die diesbezüglichen Gegebenheiten in den beiden Familien keineswegs miteinander vergleichbar.

In jedem Fall jedoch erscheint diese Aufstiegshilfe für Joey der direkte Weg zu Dawson zu sein; ohne Umwege ist dieser somit jederzeit zu erreichen. Sein Zimmer spiegelt dessen Charakter und jene Fantasiewelt wider, welche die beiden miteinander geschaffen haben und in dessen Kastenraum deren maßgeblichste kindliche Spiele und Erlebnisse stattgefunden hatten.

Das mutwillige Entfernen der Leiter in 2.06 „Tanz mit mir" ist der erste Schritt zu einer Entfremdung der beiden, massiv wird da der Ausschluss des Mädchens aus Dawsons Intimsphäre dokumentiert.

Späterhin steht das Ding wieder für längere Zeit an der Hausmauer, bevor es mit 3.23 „Jetzt oder nie" für immer verschwindet, was Joey in 4.23 „Der letzte Abend" in dessen finaler Szene schluchzend beklagt.

Weitere Faktoren sind Dawsons und Joeys Boote, einfache Ruderboote, die einzigen sinnvollen, die schnellsten Mittel, den/die jeweils andere(n) zu erreichen. In diesem Zusammenhang ist es interessant und von hoher Symbolkraft, dass Joey ihr Boot häufig benützt, ein letztes Mal sogar noch in 6.22, im Staffelfinale von S6. Soll es die notwendige Anstrengung des Mädchens symbolisieren, die sie aufwenden muss, um ihren Freund zu erreichen; soll es – wie etwa auch die Leiter – den sozialen Unterschied zwischen den beiden darstellen?

Dawson jedenfalls verwendet in den frühen Phasen von DC statt seines Holzfahrzeugs oftmals schon schnittige Motorboote (z.B. 2.01), was den sozialen Aspekt unterstützen könnte.

Nach diesem Exkurs nun zur laufenden Folge …

Erstmals wird Dawson mit direkter Konkurrenz bedroht, das Projekt des Filmkurses nimmt am gleichen Wettbewerb teil, wie sein eigener Film.

Man kann davon ausgehen, dass der junge Filmemacher jetzt schon, in so jungen Jahren, sein Handwerk versteht.

So kann er durch seine geniale Idee dank Pacey und dem Rollstuhl, dessen Symbolik allerdings nicht ganz nachzuvollziehen ist, die Szene, die unbedingt gewünschte Kamerafahrt, perfekt umsetzen und so alle Anwesenden von seinem Talent überzeugen. Das Genie im Kleinstädtchen ist also geboren; ein trügerischer Augenblick; einige Male noch wird der Filmemacher nämlich auf seine Grenzen stoßen, abgrundtiefe Enttäuschungen erleben und an sich selbst zweifeln.

Jen hat es nicht leicht; Dawsons sehnlicher Wunsch nach einem Kuss macht ihr Angst; der Junge dramatisiert diesen zu stark. Dieser weiß allerdings noch nicht, welchen diesbezüglichen Erfahrungsschatz die New Yorkerin eigentlich in Wahrheit mitbringt. Für den Jungen ist sie ja noch immer jungfräulich, unerfahren und unberührt ...

Joey und Anderson ...
    Erstmals sieht sich das Mädchen gezwungen, hochzustapeln und sie fällt kräftig auf den Mund. Reagieren Jen und Bodie im „Ice-House" bei deren Gegenüberstellung mit Anderson verständnisvoll, verhält sich Dawson höchst unsensibel, wobei nicht ganz klar ist, ob er dies aus einer gewissen Form von Eifersucht oder aus Naivität tut.
    Hochstapeleien begegnet man in Zusammenhang mit dem brünetten Mädchen übrigens noch einige Male; immer enden sie letztlich fatal ...

Tamara Jacobs und Pacey ...
    Mit der Schlussszene ist der Skandal perfekt.
    Geschickt hatte der Junge alles eingefädelt, hat die Lehrkraft zur Nachhilfe quasi gezwungen, erlernt sich Belohnungen (in 3.09 wird er gegenüber Joey auf dieses Verhaltensmuster, auf den bedingten Pawlow'schen Reflex einmal hinweisen), bekommt diese in Form eines direkten Angebots für Sex, doch noch wird nichts daraus, Tamara bekommt es mit der Angst zu tun ...
    Sind es nun die Austern, um welche es im „Ice-House" zu einem der genialsten Gespräche, einem absoluten Klassiker zwischen Joey, Dawson und Pacey gekommen

war, oder aber die Romantik des Platzes – letzten Endes gibt die so Begehrenswerte offensichtlich nach und wird unbeabsichtigterweise auf Dawsons Film in eindeutiger Pose verewigt.

EPISODE 1. 03

„Schluss, aus, vorbei" „Discovery"

Begeistert betrachtet Dawson eine Szene seines Films, die er mit Jen gedreht hat, und bezeichnet das blonde Mädchen als absolut perfekt. Joey kann dies überhaupt nicht nachvollziehen; für sie ist die New Yorkerin ein Durchschnittstyp, deren ebenso durchschnittliche Zukunft auf der Hand liegt.

Der Junge macht sich nun Gedanken über ein Geschenk zum zwanzigsten Hochzeitstag der Eltern. Joey meint, getrennter Urlaub wäre vielleicht ganz günstig. Dawson jedoch überhört diesen Hinweis auf ihr Wissen um das Fremdgehen seiner Mutter und ersucht die Freundin stattdessen um ein anderes Videoband, welches zufällig den sensiblen Clip mit Tamara Jacobs enthält. Überrascht, gebannt und fasziniert betrachten die beiden nun die betreffenden Szenen und erkennen letztlich die Hauptdarstellerin wieder, die neue Englischlehrerin der Capside Highschool …

Die Identität des männlichen Parts ist aufgrund der Kameraposition aber nicht feststellbar.

Brühwarm berichten sie Pacey und Jen von der pikanten Angelegenheit und Pacey wird sichtlich nervös. Unbedingt muss er das Video sehen, was Dawson dem Freund zusichert.

Anschließend begleitet er Jen nachhause. Vor Mrs. Ryans Haus küssen die beiden einander und werden von der alten Dame dabei beobachtet. Die Großmutter macht nun der Enkelin diesbezüglich heftige Vorwürfe; Dawson sei kein guter Umgang für sie, wenn man dessen unklares Verhältnis zu Joey in Betracht zieht. Jen kann dies jedoch alles erklären und gesteht letztlich, Gefühle für den blonden Jungen zu haben. Mrs. Ryan muss dies zur Kenntnis nehmen, bleibt aber aufgrund der dunklen Vorgeschichte der Enkelin sehr skeptisch und die Gespräche drehen sich weiter im Kreis.

Zuhause findet Dawson Pacey vor, der panisch sein Zimmer nach dem besagten Videoband durchwühlt. Der junge Filmemacher möchte seinen Freund beruhigen, doch das gelingt nicht und Pacey muss dem fassungslosen Dawson letztlich reinen Wein einschenken.

Joey begleitet ihren Freund beim Einkaufen. Gemeinsam rätseln sie, was denn wohl das optimale Geschenk für dessen Eltern sei und sie treffen überraschend auf Dawsons Mutter, die sich ihrerseits in Begleitung ihres Reporterkollegen Bob befindet. Durch dessen offen bekundetes Interesse an Dawsons Filmerei macht jener auf den jungen Filmemacher einen ausgezeichneten Eindruck, was Joey ihrerseits gar nicht so sehen kann. Mit der Aussage, Dawson hätte mit seiner früheren Einschätzung, der Mann sei ein Aufreißertyp, Recht gehabt, gibt sie ihrem Freund einen nächsten Hinweis, den dieser aber wieder nicht zur Kenntnis nimmt.

Pacey trifft Tamara in einem Café. Händchen haltend diskutieren die beiden nun den Lehrplan für die zehnte Klasse und der braunhaarige Junge kritisiert, es gäbe in all den zu lesenden Romanen keinen Sex. Miss Jacobs kann dies aber entkräften. Überall in der Literatur gäbe es Sex …
Der Junge meint nun, dass es dabei allerdings immer zu Katastrophen komme und es müsse doch auch Beziehungen geben, wo alles wunderbar laufe. Tamara reagiert daraufhin äußerst skeptisch und entzieht Pacey ihre Hand.
Später beobachtet dieser seine Geliebte, wie sich jene bestens mit Mr. Gold versteht und unterhält, und er stellt sie zur Rede. Tamara klärt den Jungen auf; Mr. Gold sei nicht unbedingt von Frauen angetan und es bestehe demnach kein Grund zur Eifersucht.
Zuhause bei Miss Jacobs versichert jene Pacey, welch hohen Stellenwert dieser in ihrem Leben hätte.

Dawson und Jen sehen sich gemeinsam das nahezu fertig gestellte „Ungeheuer aus der Tiefe" an. Dem Mädchen gefällt der Film außerordentlich. Trotzdem möchte Dawson im Studio der Mutter noch einige Synchronarbeiten durchführen und lädt die blonde New Yorkerin dazu ein.

Am Rande der Arbeiten beobachten die beiden nun Gale Leery, wie sie ihren Reporterkollegen leidenschaftlich küsst.

Versteinert steht Dawson da …

Jen möchte ihn zum Reden bewegen, doch sie hat keinen Erfolg …

Stattdessen läuft er zu Joey, wo er erfahren muss, dass diese schon geraume Zeit vom Verhältnis seiner Mutter gewusst hat. Wütend über den Vertrauensmissbrauch kündigt der Junge Joey seine Freundschaft auf …

Dawson holt Jen von zuhause ab. Diese ist zutiefst enttäuscht, dass der Freund mit seinen Problemen zuallererst zu Joey gegangen ist, doch muss sie anerkennen, dass jener zumindest jetzt mit ihr darüber sprechen will. Dawson möchte absolute Ehrlichkeit in seiner Beziehung, so berichtet Jen über ihr Vorleben in New York.

Von nun an verhält sich der schockierte Dawson ihr gegenüber abweisend und zurückgezogen.

In der Videothek besprechen nun Pacey und Dawson ihre Probleme. Der Braunhaarige weist seinen Freund darauf hin, dass dieser ein Idealbild von Jen gehabt hätte, dem diese nie hätte entsprechen können, und er solle deren Offenheit positiv sehen.

Jen weiß nun in Sachen Dawson nicht mehr weiter und wendet sich Rat suchend an Joey. Diese erzählt ihr von Dawsons Unerfahrenheit und daraus resultierender Unsicherheit, ein Anflug von Freundschaft zwischen den beiden Fünfzehnjährigen zeichnet sich ab.

Das Ehepaar Leery bereitet sich auf ihren großen Abend vor. Der Hochzeitstag soll gebührend gefeiert werden. Dawson möchte seinem Vater nun von der Untreue seiner Frau berichten. Jener wirkt allerdings so glücklich, dass es der Sohn bei einer schlichten Gratulation belässt und die traurigen Fakten für sich behält.

Joey findet Dawson am Hafen alleine auf einer Parkbank sitzend vor.
Versöhnlich nähert sich das Mädchen, ersucht um Waffenstillstand und berichtet von ihrem Gespräch mit Jen. Dawson passt dies gar nicht; er ist stinksauer auf die ganze Welt und zweifelt seine Beziehung zu Joey an, was die beiden nun philosophisch und metaphernreich diskutieren.

REVIEW 1.03

Scheint die Welt für Dawson zu Anfang dieser Episode noch in Ordnung und im Lot zu sein, so ändert sich dies in Folge gravierend. Knüppeldick kommt es nun für den Jungen und es verändert sein Weltbild mit einem Schlag.
Zuallererst erzählt ihm sein ältester Kumpel, dass er ein Verhältnis mit seiner Lehrerin hat, sodann muss er live miterleben, wie seine eigene Mutter ihren Mann betrügt, weiters erfährt er von der besten Freundin, dass sie ihn in genau dieser prekären Angelegenheit hintergangen hat und schlussendlich stellt sich seine Angebetete keineswegs als eine Heilige heraus.
Starker Tobak also für die kurze Zeitspanne ...
Wer kann es dem Heranwachsenden also verdenken, dass er allen gegenüber nun skeptisch und abweisend reagiert.

Mit dieser hochdramatischen Episode findet Staffel 1 also ihren ersten absoluten Höhepunkt und das Gespräch der vier Protagonisten in der ersten Szene nach dem Prolog („... wir organisieren eine Privatvorführung für dich, Pacey ... da kannst du dir dann ungestört einen runterholen ...") ist ebenso ein Klassiker geworden, wie die finale philosophische Konfrontation zwischen Dawson und Joey („... in einem Paralleluniversum wären wir schon fünfzig Jahre verheiratet ...", „Ohne Zweifel, reif fürs Museum ...")

In der Mitte, im Zentrum allerdings steht das Gespräch, das der Verzweifelte mit seiner besten Freundin sucht und endlich wird ihm klar, dass jene ja schon länger Bescheid gewusst hatte. So falsch liegt nun Joey gar nicht, wenn sie dem Freund im Gegenzug vorwirft, Jens' Wonderbra würde ihm den Blick auf die Tatsachen verstellen, hat sie ihm doch zwei Mal in aller Deutlichkeit Hinweise gegeben, ohne dass er diese auch nur im Entferntesten zur Kenntnis genommen oder auch nur hinterfragt hätte.

Wem soll nun Dawson reinen Wein einschenken? Soll er die Mutter zur Rede stellen? In der kurzen Szene mit dieser hüllt er sich jedenfalls in Schweigen, einzig seine Körpersprache und sein Verhalten lassen auf gewaltige Konflikte schließen.

Pacey gegenüber erwähnt er, er würde den Sachverhalt seinem Vater mitteilen.

Er kennt Mitch sehr genau; dessen Glück ist so offensichtlich, dass sich der Sohn außer Stande sieht, dem von ehelicher Treue so überzeugten Vater die Wahrheit ins Gesicht zu sagen.

Ganz ähnlich reagiert Joey gegenüber Dawson in 2.05 „Vollmond". Auch hier kann sie ihm nicht die Wahrheit über Jacks Kuss mitteilen …

Joey hat also Dawson gegenüber mit der Wahrheit so manches Mal Schwierigkeiten; sie kann und will den Jungen nicht enttäuschen; er bedeutet ihr so unendlich viel.

Jen befindet sich auch in einer schwierigen Situation …

Ihre Lüge, die vielleicht einfach nur so achtlos dahin geworfene Aussage aus 1.00, was ihre Jungfräulichkeit betrifft, verfolgt sie nun.

Eine tiefere Beziehung zu Dawson, vor dem die Großmutter eindringlich warnt, hat sie noch nicht. So muss sie es einfach hinnehmen, dass dieser schnurstracks mit seinen Kalamitäten zu Joey läuft.

Wenn Jen bei dem Jungen reelle Chancen haben möchte, muss auch sie schonungslos die Wahrheit von sich geben. Und sie warnt davor; muss man denn in jeder Situation alles wissen? Ist das wirklich gut und von Vorteil? Ja!

Und so kommen die unerfreulichen und mit reichlich Unheiligem garnierten Geschichten aus New York ans Licht …

Pacey interpretiert die ganze Sache dann ziemlich einfach: Hey Junge, sei froh und glücklich, die Lady lässt dich damit ran, genieß es einfach …

Doch damit kann Dawson (noch) nicht; zu sehr, zu tief sitzen die Volltreffer. Er zieht sich nun auf seinen ethisch-moralischen Standpunkt zurück, einen Standpunkt, den der Regisseur Todd Karr in 5.23 nochmals kritisch betrachtet („… moralinsaurer Filmstudent …")

Aus diesem heraus begegnet er in der finalen Szene Joey. In einem äußerst bemerkenswerten Dialog kehrt er nun die Worte des Mädchens aus 1.00 um, auch er bemerkt letztlich die großen Veränderungen, denen nun alle unterworfen sind und er stellt die Qualität ihrer beider Freundschaft infrage.

Der wissenschaftliche Terminus des Sozialdarwinismus wird strapaziert. Hat ihrer beider Beziehung in der realen Welt dieser tiefschürfenden Veränderungen überhaupt noch Sinn, oder gehört sie im Museum archiviert, und damit als ausgestorbene, nicht weiterentwickelte Gattung der Nachwelt vermacht?

Sodann kreiert Dawson eine geniale Metapher auf das Paralleluniversum, in welchem sie schon längst verheiratet wären. Sie spielen die Hochzeit durch. Haben sie einander die Hochzeitsnacht geschenkt? Dawson weiß es nicht mehr …

Ratlos und traurig zieht sich Joey zurück. „… Reif fürs Museum …"

Auch Pacey und Tamara müssen ihre Grenzen erkennen. Die Lehrkraft steht nun mal in der Öffentlichkeit; Eltern, Kollegen, Schüler erkennen sie auf der Straße. Öffentliches Händchenhalten oder andere Zärtlichkeiten und Liebesbeweise sind also nicht möglich. So müssen sie sich wohl oder übel in Tamaras Haus zurückziehen und alle Vorhänge verdunkeln.

Damit muss wohl auch diese Beziehung zu denen gezählt werden, die in der Literatur, wie alle anderen auch, mit ziemlicher Sicherheit fatal enden werden.

EPISODE 1. 04
„Katastrophenstimmung" „Hurricane"

In Dawsons Zimmer ist eine Katastrophenfilm-Séance im Gange, da gibt der örtliche Sender eine Sturmwarnung aus, die für die Capeside-Kids einen schulfreien Tag bedeutet.
 Der Zustand des Jungen hat sich noch nicht gravierend verbessert, noch immer hat seine Mutter keine Ahnung von seinem Wissensstand und auch der Vater ist noch immer uninformiert. Joey versucht, ihren Freund ein wenig aufzurichten, muss aber gleichzeitig einräumen, dass Vorsicht geboten ist; das Leben wird einfach holpriger und stürmischer.

Im malerischen Städtchen werden nun alle notwendigen Vorbereitungen für den aufziehenden Hurrikan getroffen, Fenster, Türen und Tore werden verbarrikadiert, umherstehendes Material gesichert.
 Paceys Vater, der Polizeichef von Capeside, hat angeordnet, dass dieser an dem schulfreien Tag seinem Bruder, Deputee Douglas Witter bei den diversen Absicherungsmaßnahmen zur Seite stehen solle. Dem Jungen passt dies gar nicht in den Kram und er hänselt den Fünfundzwanzigjährigen unentwegt mit Anspielungen auf dessen offenbar fragwürdige sexuelle Orientierung.

Aus Sicherheitsgründen haben sich Bessie, Bodie, Joey, Jen und Mrs. Ryan im Hause der Leerys eingefunden und sofort sind starke Spannungen zwischen der alten Dame und den beiden Ersteren zu spüren. Mrs. Ryan missfällt sowohl deren Beziehung als auch die Tatsache der unehelichen Schwangerschaft, und sie macht dies den beiden in barschen Worten mehr als deutlich.
 In der Küche trifft Dawson auf seine Mutter und teilt ihr vorerst durch die Blume seinen Wissensstand mit. Als er diese dann noch bei einem intimen Telefonat mit Bob ertappt, platzt ihm der Kragen. Lautstark bellt er der Mutter seine tiefste Missbilligung ihres Verhaltens ins Gesicht und emp-

fiehlt ihr nachdrücklich, bei ihrem Mann eine umfangreiche Beichte abzulegen.

Auf seinem Zimmer wartet Jen auf den aufgebrachten Jungen. Sie versucht ihm zu erklären, dass das Verhalten der Mutter keineswegs etwas Ungewöhnliches, sondern etwas durchaus Natürliches sei. Dawson reagiert mit Unverständnis und verweist auf die Heiligkeit des Ehegelöbnisses, aber auch auf Jens Vergangenheit, was diese wütend zurückweist.

Diese Auseinandersetzung hat Joey belauscht, die im Kastenraum sitzt. Auch ihr gelingt es nicht, ihren Freund zu beruhigen und halbwegs versöhnlich zu stimmen. So wirft sie diesem brutal an den Kopf, dass er Gott danken solle, dass er noch eine Mutter hat …

Der Sturm wird immer heftiger …

Doug und Pacey haben sich bei Tamara Jacobs eingefunden, um deren Haus zu sichern. Der ältere Bruder beginnt sich nun ganz offensichtlich an Tamara heranzumachen, was Pacey sehr missfällt. In einem unbeobachteten Augenblick berichtet jener seiner Geliebten von der Homosexualität des Bruders, was sich dahingehend unangenehm auswirkt, dass Tamara Dougs späterer Bitte nach einem Date aus diesem Grund ablehnt. Dieser bedroht nun mit seiner Dienstwaffe den kleinen Bruder und zwingt ihn auf diese Weise dazu, seine Aussage zu widerrufen.

Im Hause Leery stehen nun alle Zeichen auf Sturm. Gale schüttet ihrem Mann gegenüber nun ihr Herz aus und berichtet offen und ehrlich von ihrem schon monatelang andauernden Verhältnis.

Mitch Leery ist versteinert und gebrochen …

Rasend vor Wut verwüstet er auf der Suche nach einer Lampe das Wohnzimmer, er verlässt das Haus und zieht sich in sein Auto zurück. Dort wird er von Jen und Joey beobachtet, die sich im Schutze der Veranda über Dawson und dessen Gemütszustand, aber auch über eine mögliche Größe seiner Genitalien unterhalten.

Gale steigt zu ihrem Mann ins Auto und versucht ihn krampfhaft zu beruhigen, doch dieser erklärt nun seinen Hass gegenüber der eigenen Frau und nötigt diese, das Auto zu verlassen. Weinend und verzweifelt begibt sich die Frau ins Haus zurück.

Der Sturm hat nachgelassen …
Mitch fährt mit dem Auto davon, kehrt aber alsbald wieder zurück. Auf der Veranda erklärt Gale dem Mann die Beweggründe für ihr Verhalten, innere Leere nach Erreichen aller persönlichen Ziele …

Bei Tamara ist wieder Ruhe eingekehrt. Pacey und Douglas entsichern das Haus, Tamara erklärt Doug, dass sie mit jemandem zusammen sei und deshalb keinen näheren Kontakt mit dem Polizeibeamten wünsche, was Doug kommentarlos zur Kenntnis nimmt. Die beiden Brüder verlassen nun die attraktive Englischlehrerin; Pacey jedoch kehrt nochmals wieder, und gemeinsam zieht sich das ungleiche Pärchen ins Haus zurück.

Vor deren Rückkehr in das Haus der Großmutter entschuldigt sich Dawson bei Jen wegen seines ungebührlichen Benehmens. Diese nimmt dies zur Kenntnis und berichtet ihrerseits über weitere dunkle Details aus ihrer frühen Jugend. Dawson lässt nun die Vergangenheit dort, wo sie hingehört und bittet Jen, offiziell mit ihm zu gehen.
Aber auch bei Joey entschuldigt sich der Junge; er möchte für sie der Freund sein, der ihrer würdig ist.
Joey tut es letztlich leid, dass sie Ultima Ratio die „Mutterkarte", ausgespielt hat, und bittet Dawson inständig um eine kurze Rückkehr in die gemeinsame Kindheit. Die beiden ziehen sich in den Kastenraum zurück und beginnen Szenen aus dem „Weißen Hai" zu spielen.

REVIEW 1.04

Stürme im Hurrikan –

Genial werden die dramatischen Ereignisse dieser Episode in das aufgepeitschte Szenario und Umfeld, in die Weltuntergangsstimmung verpackt. Das fahle Dunkel wirkt sich markant auf die Zeichnung in den Gesichtern, auf die Mimik und deren Ausstrahlung aus, eine Farbgebung, die für DC eher ungewöhnlich, dramaturgisch jedoch völlig gerechtfertigt ist.

Die Zeichnung der Gesichter – ein Markenzeichen von DC ...

Grundsätzlich werden Großeinstellungen bevorzugt, welche die Mimik als besonders bedeutsam hervorheben. Gleichzeitig wird allerdings weich gezeichnet, der farblich pastellene Rahmen tut das seine, um gemeinsam mit den romantischen Landschaftsformen, dem Creek, den Bäumen, dem Strauchwerk, den grünen Wiesen jene einmalige Stimmung hervorzurufen, die in Fankreisen als das berühmte „Capeside-Feeling" bezeichnet wird, ein ganz bewusster Gegensatz zu dem, was oftmals in Herz oder Hirn der Charaktere vorgeht.

Mit Staffel 5, dem Aufbruch in die Großstadt, ist dieser besondere Rahmen dann nicht mehr gegeben – bis auf wenige Ausnahmen fällt dann auch dieser besondere Regiestil weg; das erwähnte einmalige Gefühl wird ab diesem Zeitpunkt nur mehr ganz selten vermittelt, was von denselben Kreisen oftmals kritisiert wurde und wird.

Die Episode wartet aber auch mit einer absoluten Seltenheit für DC auf. In der Szenensequenz um Joey und Jen im Schutze der Veranda hält Jennifer eine Zigarette in der Hand, die sie offensichtlich auch entzündet, und auch bei Joey ist ein ähnliches Modell ganz kurz ersichtlich.

Das wäre das einzige Mal, dass die Protagonisten zu Nikotin greifen. In weiterer Folge der betreffenden Sequenz ist dann von den Glimmstängeln aber nichts mehr zu sehen ...

Das Thema des Nikotinkonsums wird in DC kaum angesprochen. In S 4 schenkt Mr. Kestin, der Literaturlehrer der Capeside High, Dawson und dessen Vater zum Anlass der Geburt von Lilly zwei dicke Zigarren, die jedoch nie geraucht werden.

In S 5, in 5.02 „schlechtes Timing" kritisiert Pacey seine Zigaretten rauchende Kollegin, was die Konsequenz hat, dass jene sich dies in Hinkauft abgewöhnen möchte.

In 4.12 „Paceys Geburtstag" bekommt jener sinnigerweise einen Aschenbecher geschenkt.

Für alle überraschend qualmt Jack in Episode 5.14 „wollen, können, sollen" auf einer Parkbank eine Zigarette. Jen nimmt sie ihm aus dem Mund und wirft sie weg ...

Abgesehen vom qualmenden Todd Karr und der auf Alkoholentzug befindlichen, angeblich kettenrauchenden Audrey in S 6 war es das in diesem Zusammenhang aber auch schon, was einigermaßen überraschend ist, wird doch in DC so ziemlich alles, was das menschliche Leben betrifft irgendwann einmal zu einem echten Thema und als solches auch mehr oder weniger ausführlich behandelt.

Im Hause Leery ist also der Bär los. Das Zusammentreffen der inhomogenen Gesellschaft trägt natürlich auch zur Schaffung dieser bereits erwähnten spannungsgeladenen Atmosphäre bei, in welcher sich das gewaltige Gewitter, Gales Geständnis gegenüber Mann und Sohn, machtvoll entlädt.

Auf das Ehepaar Leery hat diese Entladung ungewisse Auswirkungen, bei Dawson erscheint die Erleichterung, die trotz allem reinigende Wirkung, ihre Früchte zu tragen. Letztlich steigt er als Sieger aus der Runde; Jen sichert ihm zu, mit ihm gehen zu wollen und Joey gegenüber möchte er sich als würdiger Freund erweisen; ein zweiter Sieger ist aber letzten Endes auch Pacey.

Tamara Jacobs scheint eine psychologisch gut ausgebildete Lehrkraft zu sein. Unverzüglich bemerkt sie die extreme Spannung zwischen den beiden Brüdern, spürt den Versuch des Älteren, Pacey durch die Anbaggerungsversuche zu beeindrucken und von seiner Heterosexualität zu überzeugen, wehrt mit dem Argument, sie sei mit jemandem liiert, weitere Aktivitäten Dougs in dieser Richtung ab und stärkt gleichzeitig Pacey massiv den Rücken.

Wenn man von der Tatsache absieht, dass „Mr. Gold Jungs mag" (1. 03), so wird mit Dougs latenter Homosexualität erstmals ein Thema berührt, das in weiterer Folge zu einem ganz wichtigen und weite Teile von DC beherrschenden werden wird.

EPISODE 1. 05
„Das Baby" „Baby"

Premiere in Dawsons Zimmer; erstmals findet der traditionelle Filmabend mit Joey und Jen statt. Die Stimmung ist demnach ein wenig gespannt. Schon nach dem ersten Film möchte nun Joey nachhause gehen; sie will nicht, dass Jen sich unwohl fühlt. Jene betrachtet sich jedoch als Eindringling in ein privates, ein intimes Ritual. Außerdem würde es bei der gottesfürchtigen Großmutter sehr schlecht ankommen, wenn sie alleine bei Dawson bliebe. So entschließen sich letztlich beide Mädchen, gleichzeitig den Jungen zu verlassen.

Bessies Niederkunft steht unmittelbar bevor. Leidend beklagt sie jeden einzelnen Tag, den das Martyrium der Schwangerschaft noch länger dauern soll. Überdies muss Bodie seine Lebensgefährtin kurzfristig im Stich lassen, der gelernte Koch hat in einer anderen Stadt ein Vorstellungsgespräch.

Auf der Burschentoilette der Capeside High berichtet Pacey seinem Kumpel Dawson von den neuen Entwicklungen in Sachen Tamara. Obzwar die beiden äußerst vorsichtig sind und alle Toiletten nach etwaigen ungewollten Zuhörern absuchen, so ist doch eine der Zellen von einem Mitschüler besetzt, der nun das gesamte Gespräch belauscht.

In Windeseile verbreitet sich nun das Gerücht von der unerlaubten intimen Beziehung zwischen Lehrkraft und Schüler in der gesamten Schule und dringt recht rasch bis in den Lehrkörper vor. Dawson und Joey versuchen den Freund mit unterschiedlichen Mitteln aufzurichten, doch es ist zu spät.

Miss Jacobs hat von dem üblen Gerücht auch schon Wind bekommen und reagiert verständlicherweise äußerst gereizt und wütend, hatte ihr doch Pacey versprechen müssen, nicht einmal gegenüber dem besten Freund auch nur ein Sterbenswörtchen darüber zu verlieren.

Im Hause Ryan hängt der Haussegen schief. Zu stark divergieren die Standpunkte von Großmutter und Enkelin in Sachen Ethik und Religion, sodass es zu unentwegten Konflikten kommt.

Bessies Nachwuchs hat es eilig …
Auf dem Weg ins Krankenhaus bleibt Bessie mit ihrem Wagen im Morast stecken. Gottlob kommt Joey vorbei. Da bei ihnen zuhause das Telefon gesperrt ist, müssen die beiden über den Creek zu Dawson rudern, um einen Krankenwagen organisieren zu können. Mitten auf dem Wasser platzt Bessies Fruchtblase …
Alle Versuche, einen Krankenwagen zu holen, scheitern jedoch; so entschließen sich Joey und Dawson, die von allen Beteiligten gehasste Mrs. Ryan, ihres Zeichens ausgebildete Krankenschwester, zu Hilfe zu holen, da das Ehepaar Leery bei einer Partnerschaftstherapie weilt.
Nach anfänglichen Unstimmigkeiten akzeptiert Bessie ihre Hebamme, da eine Hausgeburt aufgrund der Umstände unvermeidlich erscheint.
Dawson möchte für Bodie das Ereignis mit der Kamera festhalten.

Douglas passt seinen kleinen Bruder auf dessen Schulweg ab und berichtet diesem zynisch, dass nicht nur bereits das ganze Städtchen, sondern auch die oberen Schulbehörden von dem Gerücht, diesem Hirngespinst eines Pubertierenden, Bescheid wissen und unverzüglich eine disziplinäre Konferenz für Miss Jacobs einberufen werden soll.
Tamaras Anwältin untersagt Pacey nun jeden Kontakt zu der Lehrerin …
Im Zuge der Konferenz wird nun die Beschuldigte befragt; bevor jene sich zu den Vorwürfen äußern kann, betritt Pacey ungefragt den Raum und klärt die Sache. Er hätte sich das

alles ausgedacht und sei leider bloß Tamaras Schüler gewesen, nicht mehr und nicht weniger.

Douglas möchte nun die Ehre der Familie retten und entschuldigt sich für das vermeintliche Fehlverhalten seines kleinen Bruders, doch die Lehrkraft weist dies energisch zurück; der Bruder solle lieber stolz auf Pacey sein …

Im Hause Leery kommt es zu ernsthaften Komplikationen. Bessie verliert Unmengen an Blut, was auch Jen auffällt. Nach einer weiteren Konfrontation mit ihrer Großmutter sieht die New Yorkerin jedoch ein, dass sie dem Geschick der alten Dame vertrauen muss.

Bessie wird immer schwächer, deren Schmerzen immer unerträglicher …

Joey verlässt den Raum und zieht sich in den Garten zurück, wo Dawson zu ihr stößt. Subtil versucht der Junge die Gedankengänge der Freundin nachzuvollziehen. Die Schmerzensschreie der Schwester erinnern das Mädchen an die der eigenen Mutter während deren Chemotherapie. Immer wäre sie dann bei jener gewesen, hätte ihr beigestanden.

Dawson meint nun, dass die Schwester diesen Beistand nun genauso dringend benötigen würde, Joey geht zurück ins Haus, tritt zur Gebärenden und umfasst deren Hand. Mit einem allerletzten Pressen ist das Baby da …

Pacey besucht Tamara; jene bedankt sich bei dem Jungen und teilt ihm mit, dass sie Capeside in Richtung Rochester verlassen und zu ihrer Schwester ziehen werde.

Mit Tränen in den Augen erklärt sie Pacey, dass ein Ende der Beziehung unvermeidlich gewesen sei, sie versichert dem Jungen aber nochmals dessen Stellenwert in ihrem Leben und sie sei sich keineswegs sicher, ob sie einen Abschiedskuss so ohne Weiteres verkraften würde.

Trotzdem nehmen die beiden mit einer innigen Umarmung und mit den besten Wünschen für die Zukunft Abschied voneinander.

Im Hause Ryan haben sich die Wogen geglättet und Jen muss zugeben, dass sie zwar noch immer nicht an ein höheres

Wesen glaube, sehr wohl aber ein wenig den Glauben an die Menschheit zurückgewonnen hätte.

Mit einem Blick auf Bessie und Bodie, die glücklichen Eltern, auf Joey, die ihren kleinen Neffen im Arm hält und auf Pacey, der zu nächtlicher Stunde noch einmal zum Hause seiner Geliebten geht und leise Abschied nimmt, schließt diese Episode.

REVIEW 1. 05

Mit dem „Baby" präsentiert sich eine höchst bemerkenswerte Episode, die sich aber möglicherweise erst nach wiederholter Ansicht in all ihren Aussagen und Botschaften zur Gänze öffnet. Sie stellt jedenfalls mit Sicherheit eine der zentralen Folgen zumindest der ersten Staffel dar.

Mit Bessies Sohn wird eine Figur in die Welt gesetzt, die das Zusammenleben des Geschwisterpaares maßgeblich beeinflussen wird, die Zeit um den Tod von deren Mutter beginnt sich langsam aufzuarbeiten, mit dem gegenseitigen Vertrauensbeweis wird das Verhältnis zwischen Jen und deren Großmutter auf eine neue Basis gestellt und die gefährliche Beziehung zwischen Tamara und Pacey wird mehr als akzeptabel gelöst.

Ein zentrales Thema dieser Folge ist jedoch ein weltanschauliches. Tiefer christlicher Glaube wird einerseits Atheismus und andererseits fehlendem oder verlorenem Glaube gegenübergestellt.

Noch ist Evelyn Ryan der Antrieb; ihre tiefe Religiosität gibt ihr Kraft, ihren todkranken, im Koma liegenden Mann zu pflegen, die Enkelin zu leiten. Doch in ihrem Glauben steckt Intoleranz gegenüber all dem, was sich nicht innerhalb der Grenzen der christlichen Gemeinde, der christlichen Wohlfahrt bewegt. Über diese Grenzen kann sie noch nicht hinausblicken.

Ist zwar Jennifers Lebenseinstellung für die alte Frau schockierend, so dürfte sie doch für deren Intellekt sehr interessant sein, kann ja Jen in ihrer unnachahmlichen Art ihre diesbezüglichen Gedankengänge durchaus begründen. Was a priori eine unüberbrückbar scheinende Antipode darstellt, entwickelt sich im Laufe der Zeit zu einer sinnvollen Ergänzung, lässt Evelyn Ryan in ihrem Glauben dahin wachsen, dass sie Veränderungen zu akzeptieren beginnt, ihren Horizont erweitert, sich fremden, unbekannten Dingen öffnet, dem homosexuellen Jack ein Zuhause gibt und schlussendlich ab Staffel 5 für die jungen Studenten in der fremden Großstadt Boston, in der für alle unbekannten Umgebung, zu einem unverzichtbaren Angelpunkt wird, dem man alles anvertrauen kann, der die ganze „Capeside-Familie" zusammenhält, womit sie dem ursächlichen christlichen Auftrag erst richtig nachkommt.

Spätestens in Staffel 4 ist dann der Spieß umgedreht und Jen wird zur treibenden Kraft, was in den finalen Episoden der sechsten Staffel einen Höhepunkt findet.

Mit dieser Folge wird aber auch eine Basis für die Akzeptanz der Mrs. Ryan durch jene gelegt, die sie bislang aufgrund deren kleinstädtischer Engstirnigkeit und einseitiger Glaubensauslegung missachtet und missbilligt hatten.

Doch Bessie, Joey und Bodie haben es umgekehrt in Zusammenhang mit der alt gedienten Krankenschwester keineswegs leicht, wobei es sich hier nicht um einen deklarierten Atheismus handelt, sondern um ein ganzes Sammelsurium an Fehlverhalten den Traditionen der Ostküste gegenüber. Joey und Bessie sind mit Sicherheit christlich erzogen worden, haben aber diesen Glauben vernachlässigt; zumindest Bessie hat für Mrs. Ryan durch die uneheliche Beziehung mit einem Andersgläubigen und die dadurch entstandene Schwangerschaft dieser Erziehung entgegengehandelt, was für die Tiefgläubige ein offensichtlich schwer wiegenderes Vergehen darstellt, als der durch markante Erlebnisse in Familie und verfrühten intimen Beziehungen, aber auch durch die rebellische Jugendzeit bedingte Atheismus der hochintelligenten Enkelin.

Aber auch Joey handelt in den Augen der Krankenschwester durch ihre jahrelangen Klettertouren hinauf zu Dawsons Zimmer ihrer Erziehung zuwider; wobei für Evelyn Ryan überdies die Akzeptanz dieser Aktivitäten von Seiten der Eltern Dawsons unvorstellbar und zu missbilligen ist.

Abgesehen davon wird auch bei diesem nun ein neuer, bislang wenig bekannter, doch für einen Filmemacher durchaus nachvollziehbarer Charakterzug offenbar, ein gewisser Voyeurismus …

So sehr auch das Bannen des Ereignisses der Geburt auf Video ausschließlich als Dokumentation für Bodie gedacht ist, so ist letztlich die aufdringliche Umsetzung ein starkes Indiz dafür, das in 4.23 „Der letzte Abend" in Zusammenhang mit den perversen Scherzfragen durch Dawsons geistreichen Beitrag: „… oder wollt ihr lieber zusehen, wie Grams mit Direktor Peskin schläft …" ein weiteres Mal offenbar wird.

Im Zentrum steht nun zu bedrohlicher Stunde trotz aller möglicher Vorbehalte für sämtliche Anwesenden die Bitte nach Gottes Hilfe, machtvoll steht das „Vaterunser" im Raume.
Und es hilft letzten Endes …

Die Beziehung zwischen Tamara und Pacey ist im Grunde genommen eine unmögliche. Es ist erstaunlich, wie reif sich Pacey gibt, wie klug er letztlich handelt; ein Verhalten, das nach den ersten Eindrücken in DC gar nicht zu ihm passt.
Und trotzdem definiert es diesen außergewöhnlichen Charakter.
So wie nun das ungleiche Paar in Eintracht auseinandergeht, so wird andererseits die Zwietracht der beiden ungleichen Brüder vertieft.
Tamaras feindseliges Verhalten nach Dougs formeller Entschuldigung für das inakzeptable Verhalten des Bruders samt Rücknahme des Angebots, sie beim Vornamen anreden zu dürfen, öffnet nun weitere Gräben zwischen den beiden; der Ältere kann die Beweggründe der attraktiven Lehrkraft nicht verstehen; er wird sich nun verstärkt die Witzeleien um seine sexuelle Orientierung gefallen lassen müssen.

Trotz des Endes seiner Beziehung geht Pacey nun als Sieger vom Platz, doch auch alle anderen haben durch die dramatischen Ereignisse an Reife dazu gewonnen.

EPISODE 1.06
„Der Frühstücksclub" „Detention"

Dawson und Joey sehen einen Fernsehfilm, mit dem der Junge rein gar nichts anfangen kann, geht es doch um ein Mädchen, das zwischen zwei Burschen steht, welche mittels eines Autorennens um deren Gunst rittern.

Joey wiederum kann sich ein solches Szenario sehr gut vorstellen, da es ja bei einer derartigen Auswahl sehr wohl auch um Äußerlichkeiten gehen kann, und sie spielt auf die Präferenzen Dawsons bei Jen an.

Dieser wiederum nimmt Pacey zum Beispiel. Nie könne er sich vorstellen, sich mit diesem in einem Wettstreit messen zu müssen; die Romantik würde immer siegen. Und wieder kontert Joey, er solle sich da nicht so sicher sein, denn manche Mädchen würden durchaus den Jungen mit dem stärkeren Bizeps bevorzugen und den hätte nun mal Pacey.

Nun stellt die Brünette auch noch in den Raum, warum denn trotz aller Romantik Jen mit ihm, Dawson, keinen Sex haben wolle …

Mangels Gelegenheit muss der Junge nun klein beigeben und schlägt vor, sich den Film fertig anzusehen.

Joey hat im Geschichtsunterricht ein Referat über den Shogun und seine Konkubinen zu halten und wird von dem dadurch angetörnten Mitschüler Grant Bodier und dessen Kumpanen unentwegt durch peinliche Fragen bezüglich der Aufgaben der Haremsdamen unterbrochen. Als sich nun der primitive, aber durchaus durchsetzungsfähige junge Mann in der Cafeteria ganz bewusst vordrängt und Joey auf ebenso primitive wie hinterhältige Art anmacht, versteht diese es falsch und schlägt den Jungen brutal nieder.

Pacey und Jen witzeln über Dawsons früheren Spitznamen „Oumpa-Loumpa", eine Bezeichnung, die für den Betreffenden ein Gräuel darstellt.

Der blonde Junge kommt hinzu und will wissen, worüber sich die beiden so köstlich amüsieren, erhält aber keine

Antwort. In der Garderobe spricht er Pacey nochmals darauf an und dieser erklärt noch immer amüsiert, was da Sache war.

Dawson ist außer sich und von der Arroganz und Überheblichkeit des Freundes abgestoßen, die dieser seit seinem Sex mit Tamara an den Tag legt.

Im Anschluss an die Sportstunde möchte Pacey bei den Cheerleaderinnen Eindruck schinden und fordert Dawson auf, noch ein paar Körbe Basketball gegen ihn zu spielen. Und wieder fällt der verhasste Name …

Wutentbrannt knallt Dawson den Ball weg, der direkt auf Paceys Nase landet; das Nasenbein ist gebrochen …

Jen hat bei einem höchst konservativen Lehrer Unterricht in Gesundheitskunde und bezeichnet Euthanasie als einen, in besonders extremen Fällen gangbaren Weg, was die bigotte Lehrkraft aufs Schärfste zurückweist, worauf Jennifer mit dem Hinweis auf die beschissenen Lebensumstände der betreffenden bemitleidenswerten Personen hinweist. Grund genug für den Lehrer, dem blonden Mädchen den ganzen Samstag über Arrest aufzubrummen, eine Strafe, die sich auch Dawson, Pacey, Joey und Abby Morgan eingehandelt haben.

Alle Missetäter treffen nun samstags in der Schulbibliothek zusammen und werden von dem Aufsichtsorgan, Mrs. Tringle, zynisch willkommen geheißen. Während Joey, Dawson und Jen die Gründe für ihre Bestrafung unumwunden zugeben, hüllt sich Pacey beharrlich in Schweigen und Abby prahlt mit einer von Ecstasy unterstützten Orgie im Umkleideraum der Burschen.

Den Kids ist in weiterer Folge stinklangweilig …
So beschließen sie, gemeinsam ein Spiel zu spielen.
Dabei muss Pacey Jen küssen und Joey Dawson. Jen muss überdies zugeben, dass sie scharf auf den blonden Jungen ist.

Die Situation droht zu eskalieren, da hat Dawson die rettende Idee. Gemeinsam unternimmt man einen Ausbruchsversuch und unterhält sich im Kopierraum mit „Rate meinen Arsch".

Dawson hält Pacey dessen Versagertum und die Tatsache, dass jener beharrlich zu den Gründen für den Arrest schweigt, vor. Es kommt zu einem beinharten Basketballduell der beiden. Sollte Dawson gewinnen, müsse Pacey sein Schweigen brechen.

Abby provoziert Jen und Joey, hält beiden konkurrenzierendes Verhalten wegen Dawson vor und weist auf die Leidenschaft in Joeys Kuss hin. Jene muss nun ihre Verliebtheit in den Jungen zugeben und Jen ist darüber völlig vor den Kopf gestoßen ...

Letztlich trifft Dawson zufällig in den Korb und Pacey muss also seine Geschichte erzählen, eine Story, die an Peinlichkeit nicht mehr zu überbieten ist. Die Cheerleaderinnen hätten sich liebevoll um seine Nasenverletzung gekümmert und er hätte daraufhin seine dadurch aufgebaute Spannung am WC abbauen wollen, wobei er vom Turnlehrer ertappt worden sei.

Natürlich hat Mrs. Tringle den Ausbruch der fünf Eingesperrten bemerkt. Zur Strafe müssen jene nun die Karteikarten der neu erschienenen Bücher sortieren.

Abbys tatsächliches Delikt stellt sich nun als notorisches „Zuspät-Kommen" heraus ...

Letztlich gestehen Jen und Dawson ihre Begeisterung füreinander und Joey ist verzweifelt; sie kann ihre Gefühle gegenüber Dawson nicht preisgeben, eine Veränderung wäre für sie nicht zu ertragen ...

Dawson versucht, die Freundin zu verstehen, doch es gelingt ihm nicht; als Einziger der Anwesenden durchschaut er nicht deren wahre Empfindungen.

REVIEW 1.06

Nach der Dramatik, nach den großen und eindrucksvollen Botschaften der vergangenen drei Episoden, tritt nun die Jugendlichkeit der Protagonisten, der Tatort Highschool auf den Plan.
   Zufällig leisten sich alle Beteiligten ziemlich gleichzeitig grobe Verstöße gegen die strenge Schulordnung. Ist das Strafausmaß bei Joey, Dawson und vielleicht auch gerade noch bei Abby berechtigt, so ist es zumindest bei Jen höchst anzuzweifeln und stellt die offenkundige Ablehnung der großstädtischen von Teilen der ortsansässigen Bevölkerung dar.

Mit Abby Morgan wird ein neuer, ein hochkarätiger Charakter eingeführt, eine Antipode zum oftmals Heuchlerischen der Kleinstadt, ein höchst unangenehmer provokanter Typ, aufsässig, zynisch, jedoch auf besondere Art ehrlich; eine Herausforderung für alle anderen, ein Mensch der Grauzonen als Gegensatz zum Schwarz-Weiß-Denken im Pastellanzug.
   Ein Charakter mit vergleichbaren Wesenszügen wird mit Drue Valentine übrigens auch in S 4 eingeführt …
   Während sich dieser jedoch im Zuge des betreffenden Schuljahres zum Positiven hin wandelt, erscheint dies bei Abby gänzlich umgekehrt.
   Interessant ist allemal, dass beide Personen ein Naheverhältnis zu Jen haben beziehungsweise aufbauen …
   Beide Charaktere besitzen jedenfalls die Eigenschaft, ihrer Umwelt einen Spiegel vor das Gesicht zu halten, schonungslos decken sie Unwahrheiten, Halbwahrheiten und falsche Rücksichtnahme auf, Eigenschaften, die im kleinstädtischen Capeside keineswegs Seltenheitswert haben.

Abby gelingt es nun also, Joey aus der Reserve zu locken. Den (spielerischen) Kuss, den jene mit Dawson hat, interpretiert sie völlig richtig. Das Mädchen ist Hals über Kopf in ihren besten Freund verliebt; er war total ernst gemeint.
   Unter dem Soundtrack „Pretty Valentine" steht genau diese Szene im absoluten Zentrum der ersten Staffel …

Jen fallen nun die Scheuklappen von den Augen; wie soll sie sich in Hinkunft verhalten?

Und Joey kritisiert offen deren gewinnende Wesensart, die Hassgefühle ihr gegenüber nicht unbedingt erleichtern.

Ihre Verzweiflung ist nur zu verständlich. Niemals hätte sie vor diesem Auditorium ihre wahren Gefühle offenbaren wollen.

Doch sie hat Glück im Unglück – alles bleibt noch beim Alten; Dawson erkennt die wahren Probleme der Freundin nicht und darüber reden kann und will sie nicht ...

Dawson ergeht sich in Unsicherheit und Selbstmitleid. Pacey hat Sex, er eine Freundin, jedoch keinen Sex, ein Umstand, mit dem seine völlig verständliche Hormonsteuerung nicht wirklich leben kann.

Erstmals in DC wird ein sehr deutlicher Ausblick auf zukünftiges Geschehen gegeben; erstmals bezeichnet Joey Pacey nicht als Trottel oder Versager, sondern als jemanden mit dem stärkeren Bizeps, also mit rein körperlichen Vorzügen, der durchaus für die Weiblichkeit interessant sein könnte.

Dawson findet dies jedoch lachhaft; wie käme er dazu, sich mit dem alten Freund messen zu müssen, was eine grobe Form von Missachtung und Arroganz darstellt, Eigenschaften, die er seinerseits bei Pacey heftig kritisiert.

DC wartet aber auch mit einer weiteren Premiere auf. Mit dem Namen der Mrs. Tringle und dem Hinweis auf die „Mighty Duck"-Filme wird erstmals direkter Bezug auf Filme genommen, in denen Darsteller aus DC auch noch tätig waren: im konkreten Fall Katie Holmes und Joshua Jackson ...

Ein weiteres Mal geschieht dies beispielsweise in Episode 5.18 „Die Premiere" mit dem diskreten Hinweis auf James van der Beeks Kinofilm „Storytelling".

Mit Joeys ungewolltem Outing und Dawsons diesbezüglicher Ignoranz fällt nun der Vorhang des ersten Akts der ersten Staffel, ein Akt, der alles bietet, wozu das jugendlich-frische DC fähig ist, eine hochklassige Einführung in eine TV-Serie, die mit Sicherheit über alles zu stellen ist, was in diesem Genre jemals produziert wurde.

EPISODE 1. 07
„Besuch vom Ex" „Boyfriend"

Joey erscheint in Dawsons Fenster. Sie ist fix und fertig; Bessies Nachwuchs verhält sich hyperaktiv und unterbindet regelmäßig die wohlverdiente Nachtruhe im Hause Potter. Die schulischen Leistungen des Mädchens sind also im Sturzflug begriffen.

So erhofft jene sich bei Dawson ein paar ruhige, entspannende Stunden.

Dieser sieht sich erneut amerikanische Filmklassiker an und beklagt, dass die früher so erfolgreichen Typen, wie Gary Grant, die netten, unaufdringlichen Männer, in der heutigen Zeit keine Bedeutung und kaum Chancen haben.

Doch Joey hört dies nicht mehr; längst ist sie eingeschlafen.

Im Hause Leery, bei Mitch und Gale, knistert es. Mühevoll versucht man, die laufenden Unstimmigkeiten zu überspielen und sich an die Anweisungen des Partnertherapeuten zu halten; so beschließt das Ehepaar, gemeinsam einen Tauchkurs zu besuchen, doch auch das erweist sich letztlich nicht als ideale Freizeitbeschäftigung; zu weit haben sich die beiden Eheleute schon voneinander entfernt, zu verletzt ist Mitch …

Auf dem Weg zur Schule wird Pacey beinahe von einem Cabrio gerammt. Der Fahrer, ein frecher flotter junger Mann erkundigt sich nach dem Weg zur Capeside Highschool. Pacey tut dies mit Akribie und ersucht seinerseits, von diesem dorthin mitgenommen zu werden, was der Fahrer jedoch zynisch ablehnt.

Im Hause Potter herrscht das blanke Chaos; „Rosemarys Baby" hält alle Beteiligten auf Trab. In der Schule trifft Dawson nun auf seine geplagte Freundin und überprüft deren Kenntnisse in Spanisch. Gleichzeitig erkundigt sich das brünette Mädchen, ob denn in dessen Beziehung zu Jen alles in Ordnung wäre. Mit einigen Abstrichen bejaht dies der Junge …

Die Betreffende stößt dazu; gemeinsam möchte man nun den Unterricht besuchen, da erscheint besagter flotter Junge in der Schultüre. Jen erstarrt, entfernt sich unter einem Vorwand von ihrem Freund und begibt sich zu dem jungen Mann, der sich als jener Billy offenbart, mit dem sie in New York gemeinsam im Bett erwischt und daraufhin nach Capeside verbannt worden war, und sie verlässt mit diesem das Schulgebäude.

Joey wie Dawson bekommen den ganzen Vorfall mit …

Der kecke junge Mann, ein klassischer Bad Boy und Elternschreck, erweist sich als recht anhänglich und lässt sich von Jennifer nicht so leicht abwimmeln.

So ersucht diese Dawson, dass ihr Exfreund die kommende Nacht bei ihm in dessen Zimmer nächtigen dürfe. Der blonde Junge ist keineswegs angetan davon, Jens Exgeliebten beherbergen zu müssen; bevor er jedoch endgültig ablehnen kann, hat sich der New Yorker quasi schon selbst einquartiert.

Sofort hat der erfahrene junge Mann mitbekommen, welch Grünschnabel Dawson doch ist, witzelt über dessen museale Zimmergestaltung und über dessen Stofftier, ET; überlegen und arrogant stellt er seine eigenen Erfahrungen mit Jen heraus, von denen Dawson nicht den Funken einer Ahnung hat.

So entwickelt sich die ganze Sache recht rasch zu einem Desaster.

Billy zeigt nicht viel Ambition, Capeside ohne Jen zu verlassen, er möchte sie unbedingt zurückgewinnen.

Dawson besucht Joey und erzählt ihr von seiner Misere. Jene beruhigt den Freund, es würde schon alles wieder in Ordnung kommen.

Am Strand soll eine Party stattfinden, die der Footballer Cliff veranstaltet …

Alle sind dazu eingeladen …

Joey benötigt unbedingt das Video des „Englischen Patienten". Dieser Film scheint das einzig wirksame Mittel zu sein, um ihren kleinen Neffen für einige Zeit lang ruhig zu stellen. So sucht sie Pacey in der Videothek auf. Dort spricht dieser das Mädchen direkt auf die Vorkommnisse in der Schule und auf Billy an, muss doch Joey das Auftauchen des jungen Mannes mehr als nur recht sein. Jene bezeichnet Pacey als Blödmann, doch dieser hat die alte Freundin in ihren Absichten Dawson gegenüber längst durchschaut.

Auch im „Ice-House" ist die Hölle los, Joey hat keine Ahnung mehr, wie sie die Unzahl an Bestellungen bewerkstelligen soll, und wirft komplett die Nerven weg. Bessie gibt der jüngeren Schwester nun dienstfrei und Pacey lädt das Mädchen ein, ihn auf die Party zu begleiten.

Jen ist indes mit Billy unterwegs. Trotz aller durchaus noch vorhandenen Gefühle erklärt sie dem Exfreund, dieser solle sich nun endgültig von ihr entfernen. Jener besteht jedoch auf einen Abschiedskuss, den ihm Jen letztlich auch gewährt.

So besucht Dawson missmutig und alleine das Strandfest und trifft dort nun zu seiner Freude auf Joey, die bereits ungeduldig auf ihn wartet. Beim Versuch, etwas Trinkbares zu ergattern, kommt jenem Jen entgegen, das blonde Mädchen entschuldigt sich für ihr wankelmütiges Verhalten und alles scheint wieder im Lot, da taucht ungerufen Billy auf und erklärt, der Abschiedskuss hätte mehr aus Kuss als aus Abschied bestanden. Dawson rastet aus und wirft der blonden New Yorkerin erneut deren frühere Eskapaden vor, worauf diese frustriert den beiden Burschen den Rücken kehrt.

Joey wird von einem blonden Langhaarigen angebaggert; verzagt über die Tatsache, dass Dawson nun wieder mit Jen unterwegs ist, betrinkt sie sich bis fast zur Besinnungslosigkeit. Der Langhaarige wird recht bald anzüglich; im letzten Moment erkennt dies Pacey und entfernt den jungen Mann mit Brachialgewalt von der Freundin. Im gleichen Moment erscheint nun auch Dawson …
    Gemeinsam mit Pacey bringt dieser nun die Betrunkene nachhause. Vorsichtig verfrachtet Dawson das Mädchen auf ein Sofa, während Pacey das krähende Baby mit Szenen aus dem „Englischen Patient" beruhigt, damit Bodie ja nicht aufwache.

Dawson schüttet dem im Halbschlaf befindlichen Mädchen sein Herz aus, meint, er könne ihrer beider Beziehung nicht mehr definieren und er sei immer für sie da, wenn sie ihn brauche, worauf ihn Joey zärtlich küsst.

Auf der Rückfahrt im Boot weist Pacey nun eindringlich den Freund auf Joeys Verliebtheit in ihn hin. Dieser tut dies jedoch ab; für Jen empfände er Liebe, für Joey Freundschaft ...

Pacey bezweifelt daraufhin, ob der Freund diesen Unterschied auch wirklich kenne.

Gale und Mitch sind von ihrem verunglückten Tauchausflug zurückgekehrt und versuchen nun mit einem langsamen Tanz zu einem romantischen Song einen vorsichtigen Neubeginn.

Dawson entdeckt Jen am Bootssteg und begibt sich zu ihr. Diese erklärt dem Jungen, sie müsse endlich lernen, auf eigenen Beinen zu stehen und dazu einige Schritte rückwärtsgehen, und sie beendet hiermit endgültig ihre Beziehung zu Dawson.

REVIEW 1.07

Mag auch durch Billys Erscheinen in Capeside das Ende der Beziehung zwischen Dawson und Jen ein wenig herbeikonstruiert wirken, so hat doch die Gegenüberstellung der zwei ganz unterschiedlichen Charaktere einiges an Qualität.

Schon zu Beginn ist die steigende Unsicherheit des blonden Jungen nicht zu übersehen. Diese eskaliert dann natürlich mit dem Auftauchen jenes jungen Mannes, der nicht nur um Etliches älter und erfahrener ist als er selbst, sondern ihm auch genau jenes voraus hat, wovor dieser am meisten Angst hat, vor Sex mit der diesbezüglich abgebrühten New Yorkerin.

Mit dem verlorenen Nimbus der jungfräulichen Unberührtheit ist die Beziehung der beiden kräftig aus den Fugen geraten.

Dawson trauert vergangenen Zeiten nach, wo ehrliche, unaufdringliche Männer noch Zukunft hatten, bespricht genau dies mit dem Vater, dem er sich zu Recht sehr ähnlich fühlt, doch auch dieser muss letzten Endes passen.

Die Schwierigkeiten in seiner Ehe färben auch auf den Sohn ab. Beide sind durch die überraschenden und höchst unangenehmen Eröffnungen der Weiblichkeit zutiefst irritiert.

Mitch kompensiert dies durch einen Bestrafungsmechanismus seiner Frau gegenüber, wobei sich die Frage stellt, ob sich dieser aus Enttäuschung oder aus gekränkter Eitelkeit entwickelt hat. Der Ehemann jedenfalls lässt keine Chance aus, Gale gegenüber eine spitze oder auch beleidigende Bemerkung zu machen.

Auch für Mitch muss gelten, was für seinen Sohn gilt: Zu lange haben beide in einer Fantasiewelt gelebt, die Realität übersehen, sich egozentrischerweise nur mit eigenen Wünschen und Vorstellungen (Mitchs unrealistische Pläne für sein Restaurant; Dawsons Blicke nur für Jen) beschäftigt. Beide haben – was Joey ihrem Freund schon in der Pilotfolge vorwirft – letztlich nicht gesehen, was in ihrer nächsten Umgebung geschieht, was sich verändert.

Mitch hat dies bei seiner Frau nicht gesehen, nicht sehen wollen; Dawson ist Ähnliches bei Joey widerfahren.

Das Abenteuer Tauchen hat den gewünschten therapeutischen Effekt nicht gebracht, so tanzen die beiden zu dem wundervollen Titel „Green Apples", der in 5.04 „Trauer um Mitch" ein weiteres Mal einen mitreißenden und berührenden Soundtrack bildet.

Pacey hat inzwischen den Durchblick; wie bereits erwähnt, hat er Joeys Absichten penibel durchschaut und spricht seinen Freund knallhart darauf an …

… Junge, du musst endlich klar sehen; Joey ist Hals über Kopf in dich verliebt.

Dieser kontert …

… Blödsinn, was Joey und ich haben, ist ganz etwas anderes, hat mit Liebe nichts zu tun; wir amüsieren uns bloß und wissen fast immer ganz genau, was der/die andere fühlt und denkt.

Darauf Pacey: … und wo ist da der Unterschied zur Liebe?

Genau wie sein Vater, hat Dawson massive Angst vor Veränderung. Bei Mitch Leery kann man das nachvollziehen. Die finanzielle Abhängigkeit von seiner Frau macht den Mann nicht unbedingt sicherer. Vielleicht hat dieser Zustand langfristig unterschwellig auf den Sohn abgefärbt …

In S 2, 2.12 „Ganz unten" spricht Dawson seinen Vater direkt auf dessen Zukunftsperspektiven und möglicherweise vorhandene Geldnöte an. Der Vater sinniert daraufhin, es müsse doch etwas für ihn Maßgeschneidertes geben, etwas, in dem er gänzlich aufgehen könne …

Aufgrund vieler Indizien wird man im Laufe von DC über die diversen Berufe Mitch Leerys informiert. Dies beginnt mit einer Anstellung in einem Fischrestaurant zu Zeiten des Kennenlernens der beiden heutigen Eheleute, setzt sich fort beim Traum von einer Kaugummifabrik in Dawsons Kindheit. Dann herrscht für einige Jahre Informationsdefizit.

Nun, in Staffel 1, träumt der Mann von einem eigenen Restaurant, wo es nun sogar ein angebliches Treffen mit potenziellen Investoren gibt. In weiterer Folge wird der Mann Aushilfslehrer an der Capeside Highschool, Trainer der Footballmannschaft und letztlich Stellvertreter des Schulpsychologen bzw. des Vertrauenslehrers.

Seine Berufung scheint er aber letztlich als Geschäftsführer im Restaurant seiner Frau zu finden …

In jedem Fall erscheint die Verschiedenartigkeit der diversen Jobs schon allein aufgrund der verschiedenen notwendigen Ausbildungen recht sonderbar und weist auf einen gewissen Wankelmut oder aber auf eine andauernde Suche hin.

Eine der besonders berührenden Szenen aus S 1 ist jene, wo Pacey und Dawson die betrunkene Joey heimbringen. Dawsons intimes Geständnis der Berauschten gegenüber ist ein erster Schritt hin zur Wahrheit, auch wenn es nur eine Teilerkenntnis darstellt. – Dawson würde immer für sie da sein, wenn sie ihn brauche und er könne seine Beziehung zu ihr nicht einmal annähernd definieren …

Leise erklingt im Soundtrack das wunderbar einprägsame, gleichermaßen einfache wie romantische DJ-Liebesmotiv.

Pacey gegenüber spielt er jedenfalls das Ganze hinunter, verleugnet dem Freund gegenüber einmal mehr eine Realität, die ihm mit der Zeit auch schon klar sein müsste. Jedenfalls wäre diese eine Veränderung; der Teufelskreis schließt sich…

Erstmals in DC wird man mit dem Thema Alkohol konfrontiert. Am Beispiel Joey wird dessen enthemmende Wirkung beschrieben. Unter diesem Einfluss fällt die raue Schale des Mädchens; sie wird lasziv…

Einige Male (z.B. 4.04 und 6.14) wird dieser oft fatale Einfluss noch dokumentiert, wobei sich in diesen konkreten Fällen das Mädchen regelmäßig hemmungslos, bis fast zur Besinnungslosigkeit betrinkt.

In jedem Fall ein interessantes Phänomen…

EPISODE 1.08

„Männer" „Roadtrip"

Dawson trauert Jen nach…

Joey versucht mit allen zur Verfügung stehenden Mitteln, den Freund von der Unverhältnismäßigkeit seiner emotionalen Krise zu überzeugen. Viel Erfolg hat sie jedoch dabei nicht…

Billy hat noch immer nicht resigniert. Er hat Wind von der Tatsache bekommen, dass Jen mit Dawson Schluss gemacht hat, und steigt durch das Fenster in deren Zimmer ein, wo er von Mrs. Ryan ertappt wird. Diese droht mit polizeilichen Maßnahmen und Jen verweist den Exgeliebten endgültig ihres Zimmers und damit ihrer Umgebung.

Draußen wartet der Verschmähte auf Dawson, erklärt diesem, dass sie beide nun einiges gemeinsam hätten, und schlägt zur Ablenkung und Erbauung für Nerven und Körper einen gemeinsamen Ausflug nach Providence vor.

Warren Garry, ein Baseballcrack, baggert Joey am Schulweg an und nimmt sie in seinem Wagen mit. Unbeholfen setzt er sein Vorhaben nun fort und wird von dem brünetten Mädchen in barschen Worten aufs Heftigste abgewiesen.

In der Schule treffen Jen und Joey nun auf Billy und Dawson, die sich gerade in Aufbruchsstimmung befinden; der pflichtbewusste Dawson möchte nur noch rasch seine Mathehausübung abgeben. Pacey gesellt sich hinzu und lässt sich nicht lange bitten. Selbstverständlich ist auch er mit von der Partie. Den beiden schockierten Mädels gegenüber erklärt Billy, sie würden ein Lokal aufsuchen, in welchem Mädchen für diverse Freundlichkeiten Honorare in finanzieller Form annehmen.

Jen informiert Joey von der Tatsache, dass Warren das Gerücht in die Welt gesetzt hat, er hätte mit der Brünetten geschlafen, was diese natürlich der Freundin gegenüber heftig dementiert.

In der Cafeteria stellt sie den Jungen zur Rede, worauf dieser für alle Anwesenden hörbar behauptet, sie würden nicht miteinander gehen.

Nun hat Jen einen Plan für einen Rachefeldzug. Die Mädchen setzen ihrerseits das Gerücht in die Welt, dass Joey von Warren geschwängert worden sei und diesen dies völlig kalt ließe, und sie berichten zuallererst der geschwätzigen Abby Morgan davon, die sofort die ganze Schule von diesem Umstand in Kenntnis setzt. Unverzüglich beginnen sich die Vertrauenslehrer, allen voran Mrs. Tringle, um Joey und deren Zustand zu kümmern, Warrens indiskutables Verhalten wird durch symbolische Puppen und missbilligende Schreiben anderer Schulkollegen geächtet.

Abby erhält die Information, dass Warren zwar durchaus der Mädchenschaft zugetan ist, leider aber Probleme mit seiner Potenz hat, was auch Joey zu Ohren kommt.

Darauf direkt angesprochen muss dieser letztlich alles dementieren, versucht nochmals, ein Date mit Joey zu erreichen und blitzt erneut ab.

Nach einer kurzfristigen Meinungsverschiedenheit zwischen Jen und Joey, Dawsons nun nicht mehr vorhandene Stellung zwischen ihnen beiden betreffend, kommt es allerdings bald zu einer Versöhnung. Beide Mädchen rätseln nun gemeinsam bei einem Eisbecher, was wohl in der Zwischenzeit Dawson und die beiden anderen Jungs so treiben würden. Ein männlicher Dawson käme ihnen beiden jedenfalls sehr seltsam und erschreckend vor.

In der Zwischenzeit sind die drei Abenteurer in einer Kneipe in Providence eingetroffen. Zuvor hatte Dawsons genialer Einfall, auf dem Fährschiff zwei betrunkene und andere Leute belästigende Autofahrer mittels Fixierung der Hinterachse an einer Weiterfahrt zu hindern, für Bewunderung durch die beiden andern gesorgt.

Die Anerkennung durch Pacey und Billy steigert sich sodann ins Unermessliche, als es Dawson als Einzigem der drei gelingt, ein Mädchen, eine Filmstudentin, an Land zu ziehen. Billys Versuche, diesem die Puppe auszuspannen, scheitern kläglich und der erfolgreiche Aufreißer verlässt nun gemeinsam mit der Studentin das Lokal. Draußen gibt der grundehrliche Dawson zu, nur aus reiner Ablenkung von seiner Trennung gehandelt zu haben, was dem Mädchen den Glauben an die Männlichkeit zurückgibt. Ein Kuss besiegelt dies.

Zurückgekehrt in das Lokal verärgert Dawson ihren Fahrer Billy, der diesen mit Pacey nun alleine und ohne fahrbaren Untersatz in der Kneipe zurücklässt.

Irgendwie nach Capeside zurückgekehrt, erreicht Dawson todmüde seine Heimstätte, wo bereits Joey auf ihn wartet. Kurz berichtet er von seinen Abenteuern als Sexmaschine, Joey kontert mit der Neuigkeit, sie hätte mit Capesides kommendem Footballstar gebumst.

Letztlich wirft sich der kaputte Dawson auf sein Bett, beteuert, sich keineswegs amüsiert zu haben und möchte nun nicht mehr reden, er wolle nichts als schlafen, was Joey mit der überzeugenden Ansicht, sie könne ja warten, kommentiert.

REVIEW 1. 08

Nichts als Konkurrenz …
Die Episode „Männer" unterbricht die laufenden Storylines und widmet sich einerseits der männlichen Hackordnung im schulischen Bereich, andererseits aber einer subtilen Herausarbeitung der unterschiedlichen Charaktere, was die

Burschen betrifft und deren unterschiedliche Methoden, untereinander zu punkten.

Man betrachte Warren und seine Absichten, Joey gegenüber …

Der impotente Baseballer benötigt unbedingt eine attraktive Frau an seiner Seite, um die böswilligen Gerüchte um seine nicht unbedingt zufrieden stellenden Fähigkeiten zum Verstummen zu bringen. Die hübsche Brünette wäre da durchaus geeignet …

Genau erkundigt sich der Bursche nach deren Erfahrungswerten, was zum Beispiel Dawson betrifft. Zornig wirft ihm Joey an den Kopf, dass ihre Jungfräulichkeit durchaus beabsichtigt sei und sie kein Interesse hätte, sich mit dem ungehobelten Sportler abzugeben.

Sei es aus Rache, sei es aus der Notwendigkeit, bei den Sportsfreunden zu punkten, Warren gibt an, Sex mit dem Mädchen gehabt zu haben, aber nicht mit ihr gehen zu wollen.

Hinter vorgehaltener Hand meint nun der Junge, Joey sollte mitspielen. Durch den angeblichen Sex spiele sie ab sofort in der Oberliga und die hartnäckigen Gerüchte um seine Person würden damit verstummen.

Jen indes hat von den Jungs vorderhand einmal die Nase voll. Ihr Plan klingt ganz gut, Joeys vorgetäuschte Schwangerschaft schlägt wie der Blitz ein; die richtigen Leute, wie zum Beispiel Abby, werden mobilisiert und Warren ist nun unter Zugzwang.

Dazwischen muss Jen ihrer bisherigen Kontrahentin eins auswischen …

Diese hätte nun nämlich keine Ausrede mehr, was Dawson betrifft; die Konkurrenzsituation unter den beiden Mädchen gibt es nun nicht mehr …

Bei der versöhnlichen Unterhaltung der beiden fällt jedoch ein ganz wichtiges Wort: Der Junge sei ja nur in eine von ihnen beiden verliebt. Jen hat erkannt, welche Rollen sie und Joey bei Dawson einnehmen: Joey liebt er, sie selbst ist einzig und allein das Objekt seiner Begierde. Da scheint etwas Wahres dran zu sein …

Der unerlaubte Ausflug der Jungs präzisiert die Unterschiede zwischen den Charakteren ganz genau. Pacey nennt als bestes Beispiel den Umstand, dass sein Freund vor dem Schuleschwänzen noch seine Hausübung abgegeben hatte … Und doch gelingt es Dawson, Überzeugungsarbeit zu leisten. Seine geniale Idee, den Betrunkenen eins auszuwischen und Paceys damit verbundenes Herunterlassen seines Beinkleids sind zu einem Klassiker für DC geworden.

Die Szenensequenzen in der Bar sind da weniger gut gelungen; Billys Charakter offenbart sich ein weiteres Mal als nicht unbedingt nachahmungswürdig. Pacey blitzt trotz bester Vorsätze durch Ungeschicklichkeit überall ab und Dawson zieht das große Los …

Man sieht, die Filmfreaks halten zusammen …

Nina, die Studentin, erkennt genau die Absichten der Jungs, erkennt Dawsons Problem und hilft ihm, bei seinen Freunden Eindruck zu schinden: „… wenn ich tatsächlich mit dir nachhause fahre, setzen sie mir sogar ein Denkmal …"

Dawson jedoch bleibt die ehrliche Haut, die er nun mal ist und lässt sich von einem geforderten MUSS nicht beeinflussen.

Er kann nicht gegen seine Überzeugung handeln und klärt Nina über die Beweggründe auf, bei diesem Spielchen mitzumachen, und trotzdem steigt er als Punktesieger vom Platz.

Ein Beweis, wie sich Charakterstärke durchsetzen kann …

Aber auch bei den Jungs ist es nun vorbei mit der Konkurrenz. Billy entsorgt sich selbst aus DC. Sein Auftritt war nicht lange, aber durchaus wichtig, macht sein wirksamer Beitrag doch indirekt den Weg für Dawson und Joey frei.

Ganz reizend ist deren Dialog zum Abspann gelungen. Die beiden flunkern sich etwas vor; beide wissen sofort, wie der Hase tatsächlich läuft und Joey, ja Joey hat kein wirkliches Problem – sie kann warten, bis dem Jungen endlich ein Licht aufgeht …

EPISODE 1. 09

„Freitag, der Dreizehnte" „The Scare"

Dawsons deklarierter Lieblingstag steht vor der Tür ...

Gemeinsam mit Joey veranstaltet er also einen Horrorfilm-Marathon.

Joey beklagt den Umstand, dass sie quasi immer dessen bevorzugtes Objekt in Sachen Erschrecken darstellt, was Dawson mit dem Argument, sie sei eben berechenbar und leicht aus der Fassung zu bringen, begründet.

Das ängstliche Mädchen kann jedenfalls mit der dunklen Seite der Gattung Film nichts anfangen und zappt zu den Nachrichten hinüber, wo sich in der Meldung über einen Serienkiller, der die ganze Gegend unsicher macht, die dunkle Seite des Lebens offenbart.

In der Schule spielt Dawson seinem Freund Pacey gegenüber den Geläuterten. Der Bruch seiner Beziehung zu Jen hätte ihn auf den Boden der Realität geführt.

Doch alles nur Tünche ...

Alte Gewohnheiten kann man nicht so schnell aufgeben ...

So ist Pacey der Erste, der an diesem besonderen Tag fürchterlich erschreckt wird, und Dawson plant überdies eine nächtliche Séance bei sich zuhause.

Und auch Joey wird unentwegt von ihrem Freund zu Tode erschreckt.

Einzig Jen bleibt von Dawsons Streichen verschont, was diese einigermaßen kränkt.

Cliff hat ein Date mit Jen und ersucht den pfiffigen und einfallsreichen Dawson um Rat, was er denn mit der blonden New Yorkerin unternehmen solle.

Dieser lädt die beiden zu seiner Séance ein ...

In ihrem Spind auf dem Schulgang findet Jen einen Zettel mit der Botschaft, sie würde am Abend sterben, vor und vermutet nun Dawson hinter der makabren Sache. Zuhause wird sie durch einen höchst seltsamen und ebenso erschreckenden Anruf gequält, und wieder meint sie, der blonde Junge stünde dahinter.

Pacey und Dawson sind mit Einkäufen für den bevorstehenden Abend beschäftigt und lassen Joey in Paceys unerlaubt von der Familie entliehenen Wagen zurück, wo diese von einem freundlich wirkenden jungen Mann angesprochen und um den Weg nach Providence gefragt wird.

Im Supermarkt treffen die beiden Jungs auf ein heftig streitendes Paar. Ursula, der ziemlich gestörte weibliche Part, schickt ihren Freund gerade zum Teufel, flüchtet vor dem Unhold in Paceys Wagen und findet sich auf diese Weise auch bei der Séance ein, wo die ganze Angelegenheit recht bald zu eskalieren beginnt.

Während des Erzählens dunkler und gruseliger Geschichten fällt urplötzlich der Strom aus und die Telefonleitung ist tot. Während Pacey und Joey draußen auf dem Gang nach dem Rechten sehen, durchsuchen Jen und Cliff das Obergeschoss, wo die nächste erschreckende Botschaft auf die Blondine wartet.

Die geistesgestörte Ursula begleitet Dawson zum Sicherungskasten, wo die Verrückte dem Jungen klarzumachen versucht, dass er hinter dem falschen Mädchen her sei; die aggressive Brünette würde so gut zu ihm passen.

Verdächtige Geräusche im Haus lassen nun die beiden in das Haus zurückkehren, wo Dawson feststellen muss, dass Joey verschwunden ist.

In Panik beginnt er das Mädchen zu suchen, er öffnet einen Schrank und aus dessen Inneren fällt leblos die Brünette.

Dawson ist zu Tode erschrocken, doch bald stellt sich heraus, dass dies ein makabrer Scherz Jens war, eine Rache für Dawsons angebliche Streiche ihr gegenüber.

Jener ist von solch extremen Späßen keineswegs angetan.

In seinem Zimmer spricht er sich mit Jen aus, erklärt ihr, dass er mit den diversen Botschaften nichts zu tun hätte und meint, die momentane Situation mit ihr würde ihm gar nicht gefallen. Jen versucht herauszufinden, warum der Junge sie und Cliff eigentlich zu sich eingeladen hätte, wobei die Begründung, Dawson hätte auf sie wohl aufpassen wollen, im Raume stehen bleibt. Jedenfalls wolle sie in Zukunft von dem Jungen auch erschreckt werden, was dieser fest verspricht. Kleine liebevolle Gesten und zärtliche Berührungen der beiden folgen. Bevor es jedoch zu einem Kuss kommt, wenden sich die beiden voneinander ab; das wäre nicht vorteilhaft …

Und erneut eskaliert die Lage …
Ursulas Freund hat deren Versteck ausgeforscht und tobt vor der Eingangstüre. In Panik versuchen die Freunde, das Haus dicht zu machen, doch sie haben das Fenster in Dawsons Zimmer vergessen. So kann der vielfach Vorbestrafte ins Haus eindringen. Gegen dessen Willen behauptet Ursula, Pacey wäre ihr neuer Freund. So fällt der Tobende nun über den wehrlosen Jungen her …
Joey gelingt es mit einer Bratpfanne, dem Mann Einhalt zu gebieten. Da entsinnt sich Ursula plötzlich ihrer Liebe zu dem Unhold, gemeinsam beschimpfen sie die jungen Leute und verlassen einträchtig das verwüstete Haus.
Und auch Pacey steigt rasch in den Wagen und verlässt fluchtartig die Stätte des grauenhaften Geschehens.

Jen wird von Cliff nachhause geleitet. Da der junge Mann allsonntäglich den Gottesdienst besucht, ist Mrs. Ryan sehr von diesem angetan und schätzt dessen Umgang mit ihrer Enkelin, was diese jedoch sehr stutzig macht.
Tatsache ist jedenfalls, dass Cliff für die makabren Botschaften verantwortlich zeichnet.
Eingedenk seines Versprechens bekommen nun auch die Großmutter und Jen eines von Dawsons Scherzchen ab.

Joey und Dawson bleiben alleine im Haus zurück. Sie haben sich in die Sicherheit von Dawsons Zimmer zurückgezogen und diskutieren Jens besonders makabren Scherz.
Joey hinterfragt, ob denn Dawson über ihren Tod traurig wäre, was dieser zuerst als lächerlichen Gedanken abtut. Letztlich muss er jedoch einräumen, dass er in diesem Fall nicht mehr wisse, was er tun solle und dies das Schlimmste wäre, was ihm widerfahren könnte. Und auch für Joey gilt im umgekehrten Fall Ähnliches, sie würde dem Freund zumindest eine Träne nachweinen.
Die beiden Unzertrennlichen beschließen, gemeinsam zu nächtigen. Einen kleinen Streich hat Dawson noch auf Lager, dann holt die beiden die Realität ein. Im Fernsehen wird von

der Verhaftung des Serienkillers in Capeside berichtet. Der Täter ist jener Mann, der Joey in Paceys Wagen angesprochen hatte …

REVIEW 1.09

In Staffel 1, 5 und 6 zollt DC der Zeit um Halloween direkt seinen Tribut; Staffel drei streift das gruselige Geschehen mit „Die Hexeninsel", Staffel 2 und 4 verzichten gänzlich …
Die aktuelle Episode ist jedoch mit Sicherheit die am besten gelungene und erscheint als ein treffendes Indiz für Kevin Williamsons Wurzeln im Horrorfilm.

Die dunklen Seiten des Films, die Aufarbeitung der menschlichen Urängste sind Bereiche, die Dawson begeistern, was so gar nicht zu dessen romantischen Charakterzügen passen mag.
Tatsächlich sagt dies aber eine Menge über die Gegensätze in der Psyche des jungen Filmemachers aus und wirkt deshalb besonders reizvoll.

Immer wieder wird Joey als Angsthase, als Hasenfuß bezeichnet, als ein Mensch, der leicht zu erschrecken ist und rasch die Fassung verliert (z. B. in 5.02 durch Professor Wilder). Die raue Schale, die das Mädchen um sich gelegt hat, die Aggressivität, die sie an den Tag legt, der schützende Panzer, mit welchem sie sich umgibt, soll nicht über die ungeheure Verletzlichkeit und Sensibilität ihrer Seele und ihres Gemüts hinwegtäuschen, eine Verletzlichkeit, welche letzten Endes die vielen tragischen Umstände in ihrem jungen Leben verursacht hat.
Sonnig wirkt Joey tatsächlich nur ein einziges Mal, in Episode 2.22, wo sie mit ihrem Vater und Dawson die zwei wichtigsten (am Leben befindlichen) Personen ihres Lebens zurückerhalten hat.

Pacey überspielt dessen familienbedingte Frustration, dessen verletzte Seele, dessen verkanntes Wesen mit Zynismus, Sarkasmus und Pragmatismus. In diesen Eigenschaften ähnelt er Joey …

Bei dem Jungen gesellt sich jedoch manchmal eine gewisse Form von Heldenkomplex dazu, was bei dem Mädchen prinzipiell nicht der Fall ist.

Beide sind jedenfalls klassische Underdogs; beide haben jedoch unterschiedliche Mechanismen, damit umzugehen. Pacey glänzt durch eine gewisse Form von Gleichgültigkeit; die Schulnoten sind egal; es hilft ja nichts, den Ruf, der ihn umgibt, den wird er nicht los.

Beide sind ohne Zweifel klug, doch Joey ist zusätzlich noch ehrgeizig …

Ihr erklärtes Ziel ist es, so rasch, als möglich die Heimatstadt und damit die Stätten der traurigen Umstände verlassen zu können.

Jedes Mittel muss ihr recht sein. Doppelt, dreifach muss sie sich anstrengen, damit sie die andern leistungsmäßig übertrumpfen könne. Überall hängen ihr die Mängel in der Familie nach. In der kommenden Episode wird dies übrigens besonders deutlich …

Dawson ist für beide der Angelpunkt, ein Stabilitätsfaktor, ein fantasievoller Charakter, der beide ihre triste Realität vergessen macht.

Umgekehrt jedoch sind die beiden jene Faktoren, die den Jungen notfalls auf den Boden der Tatsachen zurückbringen können.

Hier in der Halloweenfolge der ersten Staffel merkt man also eine Fortsetzung einer Entwicklung, die in 1.05 ihren Ausgangspunkt genommen hat, als Joey erstmals auf Pacey zugeht und ihm eine Gemeinsamkeit in ihrer beider Leben, das Liefern von trüben Geschichten, vor Augen hält und die sich im gemeinsamen Partybesuch in 1.07 mit Paceys aktivem moralischen Beistand fortgesetzt hat. Bei Dawsons Séance sind die beiden ebenfalls gemeinsam unterwegs, die freundschaftliche Annäherung der beiden ist unübersehbar; letztlich rettet Joey dem Freund durch ihr mutiges Einschreiten mit der Bratpfanne wahrscheinlich Leben und Gesundheit. Inwieweit hier ein Subtext oder Hinweise auf Zukünftiges (z.B. Paceys spätere berufliche Tätigkeit als Koch) herauszulesen ist, sei vorerst einmal dahingestellt.

Letztlich ist Dawson für beide Freunde der Treibende, der die Scherze aussheckt; beide sind scharf darauf, Ziel seiner makabren Einfälle zu sein.

In Staffel 6 wird sich dies allerdings umkehren, in diesem Fall wird Dawson der sein, der erschreckt und damit für seine vielen früheren Streiche bestraft wird.

Und wieder ist Jen der „Instigator", der Störenfried, der in althergebrachte Rituale eindringt und Dawson ohne echte Begründung verstoßen hat. So braucht sich diese gar nicht wundern, dass sie von Dawsons „Liste" gestrichen oder in diese gar nicht aufgenommen worden ist.

Erst später wird das charakterstarke und kluge Mädchen schrittweise von ihrer Umgebung als solches anerkannt werden …

Deren unbegründete Rache an Dawson führt nun zu einer sehr bemerkenswerten Szene zum Abspann, zur Diskussion um den Tod eines der beiden Protagonisten.

Was wäre da wohl, was würde der jeweils andere in diesem Fall tun.

Der Soundtrack unterstützt die sensible Szene mit dem DJ Motiv…

Dawson findet allein schon den Gedanken lächerlich, was Joey in die falsche Kehle bekommt: „… danke …"

Für Dawson erscheint dieser Fall undenkbar und unfassbar. Das kann, das will er sich gar nicht vorstellen und im Nu wird erstmals der Stellenwert des Mädchens für den Jungen offenbar. „… ich wäre fix und fertig; ich wüsste nicht, was ich täte … etwas Schlimmeres könnte mit gar nicht passieren …"

Und wieder ist ein wichtiger Schritt getan, der dem blonden Burschen sein Bewusstsein erweitert und ihn ein weiteres Stück hin zum Eingeständnis seiner wahren Empfindungen führt.

EPISODE 1.10

„Geliebte Feindin" „Double Date"

Dawson weiß nicht, wie er im Moment mit Jen umgehen soll. Joey klärt ihn diesbezüglich auf; er müsse zur Kenntnis nehmen, dass sich die Exfreundin mit anderen Jungen träfe. Andererseits solle er sich vor den Mädchen in Acht nehmen, denen er nun fürchterlich leidtäte. Letztlich müsse er aber auch ein Gespräch mit der Exflamme führen, inwieweit nun weiter Freundschaft zwischen ihnen beiden existieren könne.

Auf diese Fragestellung weiß der Junge allerdings keine befriedigende Antwort.

Der Haussegen bei den Leerys hängt erneut gefährlich schief; Bob erdreistet sich – angeblich rein dienstlich – bei Gale anzurufen und erwischt unglücklicherweise Mitch, und dessen Angetraute nimmt ihren Exlover auch noch in Schutz.

Dawson findet sich wiederum in der Mitte stehend vor; er muss dem Vater von eingehenden einschlägigen Anrufen berichten.

Jen trifft ihren Exfreund in der Schule, man müht sich um einige belanglose Floskeln und jene beginnt das erwartete Gespräch bezüglich einer etwaigen Freundschaft, worauf sie Dawson schweigend anstarrt.

Er bespricht die unangenehme Angelegenheit mit Pacey und dieser schlägt einen Mehrstufenplan vor. Primär sei wichtig, dass sich Dawson dem Mädchen gegenüber ganz leger gäbe und in zweiter Linie mit anderen weiblichen Wesen ausgehe, um die tatsächlich Angebetete eifersüchtig zu machen. Nur so könne er Jen wieder zurückgewinnen.

Dawson schreitet zur Tat ...

Jen hat für das Wochenende ein Date mit Cliff, das auf einem Jahrmarkt stattfinden soll. So vereinbart man ein gemeinsames Double Date, wobei Dawson zu seinem Leidwesen noch gar keine Begleitung hat. Mit Mary Beth, einem ziemlichen Mauerblümchen, findet sich jedoch rasch ein Opfer.

Die SchülerInnen des Biologiekurses bekommen ihre korrigierte Halbjahresarbeit zurück; Pacey glänzt mit einer perfekten 6 – …

Daraufhin wird er zusammen mit Joey zu einer praktischen Arbeit für Meeresbiologie verdonnert. Das Fortpflanzungsverhalten der Pulmonateaschnecken ist zu untersuchen und zu dokumentieren. Pacey nimmt die Arbeit jedoch nicht sehr ernst. Durch Hinzufügung einer besonders hübschen anderen Wasserschnecke möchte der Junge die Freude der Tiere an der Fortpflanzung stimulieren. Tags darauf sind die Schneckenhäuser leer; die hübsche Schnecke hat sich als Fleisch fressend erwiesen.

Pacey ist nun bereit, mit Joey Richtung Meer zu fahren, um im Brackwasser neue Schnecken zu besorgen.

Dawson trifft bei den Potters ein und klagt Joey sein Leid. Er käme sich abscheulich vor, die arme Mary Beth so auszunützen und es wäre ihm weit lieber, stattdessen Joey mit auf den Jahrmarkt zu nehmen, was jene auch begrüßen würde.

Im Zuge des Schneckensammelns verabsäumt es Pacey, das Boot richtig zu vertäuen; es löst sich und treibt herrenlos den Fluss hinunter. So sind er und Joey gezwungen, durch eiskaltes Wasser zum Wagen, den der Junge grundsätzlich ohne Führerschein zu lenken pflegt, zu waten. Beide entledigen sich nun ihrer nassen Kleidung und legen sich Decken um, wobei der Junge das Mädchen angetörnt und grinsend im Rückspiegel des Wagens beobachtet.

Das Double Date wird zum Fiasko …

Bald muss Dawson gegenüber Mary Beth seine wahren Absichten zugeben, doch auch deren Ziel ist ein gänzlich anderes, nämlich Cliff zu gewinnen.

Beide vereinbaren, einander zu helfen.

Beim Riesenrad schnappt sich Mary Beth ihren Angebeteten, während Dawson seinerseits mit Jen einen gemeinsamen Wagen besteigt.

Es kommt zu einer Konfrontation der beiden, hat doch Jen bislang mit keinem Wort begründet, warum sie eigentlich ihre Beziehung zu Dawson beendet hat. Außerdem hätte sie behauptet, sie wolle auf eigenen Beinen stehen und gehe nun entgegen ihren ursprünglichen Absichten mit anderen Jungen aus.

Ins Haus der Potters zurückgekehrt, möchte Pacey wissen, warum Joey die zusätzliche Biologieaufgabe bekommen hätte, sei sie doch immer schon eine hervorragende Schülerin. Diese begründet dies mit der Notwendigkeit, immer herausragende Leistungen bringen zu müssen, damit sie ein entsprechendes Stipendium bekäme und Capeside und ihrem tristen Alltag irgendwann einmal den Rücken kehren könne.

Dawson sitzt mitten auf dem Rummelplatz einsam auf einer Bank, da erscheinen Pacey und Joey.
    Der Junge bittet seinen Freund um eine kurze Aussprache. Inzwischen sei seine Begeisterung für Joey über Freundschaft hinausgegangen und er ersucht Dawson um dessen Erlaubnis, das Mädchen küssen zu dürfen.
    Spontan gefällt Dawson dieses Ansinnen, dann jedoch weist er dies kurzfristig wieder zurück; letztlich hat er erneut nichts dagegen …

Pacey chauffiert Joey heim und möchte sie zum Abschied küssen. Jene ist völlig irritiert, verwirrt und verwundert, fühlt sich aber zu dem Jungen nicht hingezogen.

Dawson liegt alleine auf seinem Bett und starrt die Zimmerdecke an; plötzlich gibt er sich einen Ruck, läuft zu Pacey in die Videothek und entzieht dem Freund die gegebene Erlaubnis. Dieser flunkert dem Freund von erotischen Abenteuern vor, die er bereits mit Joey hatte oder plant, doch Dawson glaubt kein Wort davon, was Pacey letztlich nur bestätigen kann.
    Mit ernsten und eindringlichen Worten bittet er Dawson, sich nun endlich zu einer Entscheidung zwischen Jen und Joey durchzuringen.

REVIEW 1. 10

Immer noch nicht will Dawson so recht wahrhaben, dass Jen mit ihm Schluss gemacht hat. Mit weisen Ratschlägen sind nun die Freunde am Zug. Beinhart konfrontiert ihn Joey mit den Fakten, wobei den Jungen besonders stört, dass er von Teilen der Weiblichkeit als zweite Wahl angesehen werden könnte.

„Wie kann man mit jemandem befreundet sein, von dem man doch so viel mehr will?"

Das kennt Joey nur zu gut …

„… das geht …"

Haben Joeys Aussagen Treffsicherheit und spiegeln die kleine und abgeschlossene Gesellschaft Schule genau wider, so sind Paceys forsche Ideen da schon ein wenig differenzierter zu betrachten. Joey geht jedenfalls für sich davon aus, dass die ganze Sache endgültig der Vergangenheit zuzuschreiben ist und blickt in die Zukunft; Pacey erkennt genau die Absichten seines Freundes: Für diesen zählt nur ein Zurückgewinnen der Angebeteten, ist also keineswegs noch vorbei. Wer weiß schon, wie eine eifersüchtige Jen reagiert …

Leider verhält sich Dawson in dieser Folge höchst unreif, kindisch, arschig, wie Joey so treffend formuliert …

Das Double Date muss ein klassischer Reinfall werden. Mary Beth offenbart sich bei Weitem nicht wie das willfährige Objekt einer derartig zwielichtigen Aktion, mehr noch, das dunkelhaarige Mädchen legt noch ein Schäufelchen nach, sie hätte sich ja a priori überhaupt nur aus Mitleid auf dieses Date auf dem Jahrmarkt eingelassen. Verliebt sei sie in Dawson keineswegs, dazu sei dieser viel zu neurotisch …

Was sich in der letzten Folge bereits deutlich abgezeichnet hat, die Annäherung von Pacey und Joey, findet in einem großartigen, von spitzen Bemerkungen und Witz nur so überquellenden Plot um die meeresbiologische Fleißaufgabe inklusive Paceys unerwiderten Kuss seinen vorläufigen Höhepunkt.

Einmal mehr wird klar, mit welch unterschiedlichen Mitteln die beiden ihre Ziele erreichen wollen.

Für Joey ist ein sehr gutes Prüfungsergebnis zu wenig, sie benötigt eben ein ausgezeichnetes; Pacey ist das alles eigentlich egal; seine Mittelmäßigkeit ist für ihn völlig ausreichend, die perfekte 6 – stört ihn auch nicht massiv; irgendwie wird er sich schon durchwursteln.

Die genialen Szenensequenzen mit Dawson und Pacey auf dem Rummelplatz bedürfen einer genaueren Analyse. Mit Sicherheit ist es nämlich kein Zufall, dass sich die Pferdchen und Puppen des Karussells in eine ganz bestimmte Richtung drehen, von Dawson zu Pacey, ein eindrucksvoller Blick in die Zukunft wird hier gegeben.

Die blinkenden Lichter, die raschen Bewegungen der einzelnen Attraktionen, all das spiegelt einerseits die vorhandene Unruhe wider, andererseits aber auch die raschen Veränderungen, die Dawson nicht wahrhaben will.

Mit seiner „Freigabe" für Joey geht er ein hohes Risiko ein, ein Risiko, dessen er sich gar nicht bewusst ist. Sträflich falsch schätzt er den Freund ein …

Dieser ersucht jetzt noch um Erlaubnis; später, in S 3 wird er dergleichen dann nicht mehr tun.

Welche Faktoren spielen nun bei den widersprüchlichen Sinneswandlungen Dawsons eine Rolle: Vorerst denkt er naiv, kann gar nicht glauben, dass jener Pacey, der mit dem Mädchen bislang niemals gut ausgekommen war, plötzlich scharf auf diese ist; es sind seine besten Freunde; warum sollte ihn eine Annäherung der beiden stören. Sodann kommt gleich der Rückzieher; eingedenk der Sache mit Tamara und Paceys hormonellen Steuerungsmechanismen erfolgt nun eine kurze Unsicherheit; doch schnell ist diese vorbei; die Zustimmung siegt, Dawson ist einverstanden, was könnte ihm Besseres passieren.

Hat er nun vollstes Vertrauen in Joey, dass sich diese gerade mit Pacey niemals näher einlassen würde oder vertraut er auf die Ungeschicklichkeit des Freundes?

Dawson liegt auf seinem Bett und denkt nach. Spät kommt die nächste Erleuchtung, der Junge weiß plötzlich, was er in Zusammenhang mit Joey nicht will: Er kann keineswegs akzeptieren, dass sie ein anderer hat. Der Kreis zur Eröffnungsepisode, wo Joey Ähnliches, das Händchenhalten betreffend, formuliert, schließt sich nun.

Dawson steht nun genau dort, wo jene zu Beginn der Serie steht ...

In vielen Episoden der ersten Staffel wird also jeweils ein Gesichtspunkt der Beziehung zwischen Dawson und Joey beleuchtet. Schrittweise erfolgen die Erkenntnisse des Jungen ...

Mit der grundlegenden Erkenntnis, was Dawson nicht will, beginnt die finale Phase von Staffel 1.

EPISODE 1.11
„Pretty Woman" „Beauty Contest"

Dawson und Joey diskutieren anhand eines biologischen Films über das Paarungsverhalten von Insekten, inwieweit auch beim Menschen die animalischen Instinkte für die Partnerwahl ausschlaggebend sind. Joey verweist eindringlich auf die zwielichtige Rolle der Medien, die den Trend bestimmen, welchem Frauentyp im Moment der Vorzug zu geben ist.

Zum Abschluss der Touristensaison findet im Yachtclub Capesides die traditionelle Wahl zur Miss Windjammer statt.

Joey ätzt über diese sexistische Veranstaltung, während Jen zugeben muss, in New York auf Druck der Mutter schon einige Male bei derlei Veranstaltungen teilgenommen zu haben, was sich Dawson, der angibt, über seine Exflamme durchaus schon hinweg zu sein, durchaus vorstellen kann. Für ihn sind die bislang erfolglosen Versuche, seine Exfreundin zurückzugewinnen, zu einer Art Sport geworden.

Pacey hat Zoff mit seinem Vater und befindet sich auf Wohnungssuche, kann sich ein eigenes Domizil jedoch keineswegs leisten. So überlegt er ernsthaft, bei der Schönheitskonkurrenz mitzutun. Dawson, der für den Sender eine Dokumentation über dieses Ereignis drehen soll und dessen Mutter in der Jury sitzt, meint, dass dies aufgrund Paceys physiologischer Voraussetzungen unmöglich sei.

Jen und Joey schließen nun endgültig Freundschaft.

Die New Yorkerin äußert sich positiv über die körperlichen Vorzüge des brünetten Mädchens und schlägt vor, diese solle unbedingt an dem Wettbewerb teilnehmen, sie selbst würde das Training derselben übernehmen. Erschrocken wehrt Joey ab; das käme nicht infrage, sie wisse, dass sie nicht hübsch sei und Komplimente anderer Frauen seien für sie immer höchst irritierend.

Jen meint, der Siegerscheck von 5000 Dollar wäre in Hinblick auf Joeys Ziel, eine Eliteuniversität besuchen zu wollen, allerdings nicht zu unterschätzen. So gibt die Brünette letztlich nach, was Dawson zu deren Kränkung ziemlich belächelt.

Pacey überwindet alle Widerstände, was die diversen Regelauslegungen für die Veranstaltung betrifft und darf schlussendlich als einziges männliches Wesen daran teilnehmen, worin Dawson einen gewaltigen Aufhänger für seine Dokumentation wittert.

Pacey wie auch Joey trainieren eifrig.

Der Junge arbeitet an Zaubertricks, was Hennah, eine affektierte ehemalige Schulkollegin und nunmehrige Mitkonkurrentin intensiv belächelt; Joey verbessert mit Jens tatkräftiger Unterstützung Haltung und Selbstwertgefühl.

Vorinterviews finden statt, die Dawson zu führen hat. Joey ist dies höchst unangenehm … Im Frage- und Antwort-Spiel weist jene eindringlich darauf hin, dass sich alles verändere, was Dawson noch immer nicht recht wahrhaben will …

Die Teilnehmer/innen werden vorgestellt; verwundert und sprachlos betrachtet Dawson durch das Okular seiner Kamera den beachtenswerten Erstauftritt seiner nun gestylten besten Freundin, was Jen und Pacey auffällt. Pacey meint zu der Blondine, es sei augenscheinlich, dass dieser Dawsons ungeteilte Aufmerksamkeit fehle und sie vielleicht ihre Aufgabe als Joeys Trainerin zu gut gemacht hätte.

Pacey spricht mit Gale Leery nun über seine Siegeschancen, doch diese kann nur müde lächelnd abwinken; der Junge sei absolut chancenlos, was diesen veranlasst, sein geplantes Programm über den Haufen zu werfen und in seinem neuen Beitrag die ganze Veranstaltung lächerlich zu machen und in den Schmutz zu ziehen.

Mit einem Seitenblick auf den noch immer völlig hingerissenen Dawson, spricht Joey in ihrem Beitrag unter anderem von unsachgemäßer und ungerechter Beurteilung eines Menschen nach Äußerlichkeiten.

Jen erklärt nun Dawson gegenüber, wie sehr ihm dessen Freundschaft letztlich fehle, da beginnt Joey ihren Gesangsbeitrag „On my own …"

Zuvor noch hatte man sich in der Garderobe über deren Familienverhältnisse lustig gemacht, was jene fast schon entmutigt hätte. Dawson argumentiert nun mit der Angst, welche die Konkurrentinnen nun vor ihr hätten und bringt sie letztlich dazu, auf die Bühne zurückzukehren.

Die Schlacht ist geschlagen; die Sieger/innen werden bekannt gegeben. Hennah wird Dritte, was diese später Pacey gegenüber heftig beklagt; all ihre Geschwister wären höchst erfolgreich und sie könne nicht einmal einen provinziellen Schönheitswettbewerb gewinnen.

Joey belegt schlussendlich Platz zwei; Siegerin wird eine eher farblose Erscheinung …

Schauplatz: Vor dem Yachtclub …
Dawson ist noch immer nahezu sprachlos …
Verlegen reicht er der fröstelnden Freundin sein Sakko.
Stockend beginnt er zu sprechen:
So hätte er Joey noch nie in seinem Leben betrachtet, ein ganz neues Gefühl sei in ihm entstanden, er, der Mensch der sie schon ewig kenne, bekomme plötzlich vor Nervosität kalte Hände.

Joey winkt jedoch ab, verweist auf Lippenstift und Haarspray und ersucht den Freund, sie doch nicht als kurzfristige Prinzessin, sondern als den Menschen zu sehen, der sie eben ist.

Doch dies kann er nicht mehr, was Joey veranlasst, dem Jungen den Rücken zu kehren und alleine nachhause zu gehen.

Dawson steht vor der Veranda und sinniert, da besucht ihn Jen und ersucht den Jungen, ihrer beider Beziehung noch eine Chance zu geben. Dawson erschrickt; er bittet Jen, darüber noch nachdenken zu dürfen.

Das Bild blendet hinüber zu Joey, die sich vor dem Spiegel den Haarspray aus ihrer dunklen Mähne kämmt und hintergründig zu lächeln beginnt.

REVIEW 1.11

Ein Schönheitswettbewerb ist also angesagt; ein letzter Touristenmagnet, bevor die Stadt gänzlich in den Winterschlaf versinkt.

Auch Joeys Trinkgeldkassa leert sich; mit den Touristen verschwinden auch die Einnahmen.

Dieser Umstand ist der erste Kick für Joey, Jens Vorschlag anzunehmen.

Interessant, dass sich die Brünette immer vor Komplimenten der Geschlechtsgenossinnen scheut; sie sind ihr nicht geheuer, sie ist das nicht gewohnt …

In ihrem bisherigen Leben hatte es nicht viele Möglichkeiten, aber auch kaum Notwendigkeiten für ein gepflegtes Äußeres gegeben. Die Bemerkungen Dawsons, ob jene auch saubere Hosen anhabe bzw. Joeys Äußerung, Dawson würde sie immer als das schlaksige Mädchen mit den aufgehenden Zöpfen von der falschen Seite des Flusses sehen, unterstreichen das. Pragmatisch stellt sie fest, dass dies wohl so sein müsse.

Außerdem war und ist ihr Leben nicht dazu angetan, für Äußerlichkeiten Präferenzen zu entwickeln. Da hatte und hat man tatsächlich immer ganz andere Sorgen.

So braucht man sich nicht darüber wundern, dass Jens Idee auf den ersten Blick für gänzlich verrückt gehalten wird.

Geld ist jedoch für Joey lebenswichtig; es muss immer Vorrang haben.

Nun arbeitet Jen am Selbstwertgefühl der neu gewonnenen Freundin, wobei sich die Frage stellt, welche Beweggründe die New Yorkerin zu diesem Freundschaftsangebot veranlasst. Bei näherer Betrachtung scheinen die Argumente der verbindenden Weiblichkeit und des augenblicklichen Fehlens solcher Beziehungen ein wenig mager. Will Jen auf Joey damit den Einfluss ausüben, den sie für die Durchführung ihres Plans benötigt?

Und wie könnte der Plan aussehen, welche Fakten könnten dahinter stecken …

Man nehme als Prämisse an, Jen hätte deshalb mit Dawson Schluss gemacht, weil sie gesehen und Joey gegenüber auch dokumentiert hat, wie sehr der Junge doch die Brünette liebt, ohne sich dessen noch bewusst zu sein. Da wäre es durchaus naheliegend, sich diesem Jungen nicht noch weiter zu öffnen, womit auch eine Parallele zu Gretchen und S4 hergestellt wäre.

Weitergedacht …

Es geht also schlicht um Äußerlichkeiten.

Jen ist von sich aus hübsch und weiß das auch; Joey ist genauso hübsch, weiß und glaubt es jedoch nicht.

Mit Joeys Styling und einem neuen Selbstbewusstsein macht Jen nun die riskante Probe aufs Exempel: Wie sehr lässt sich der sensible Dawson nun durch die genannten Äußerlichkeiten blenden, welche Auswirkungen haben jene auf dessen Gemütslage.

Und Jen wird bitter enttäuscht …

Joey hat eingeschlagen wie eine Granate, hat dem Jungen gehörig den Kopf verdreht, so verdreht, dass dieser sprachlos ist.

Die New Yorkerin lässt sodann den nächsten Versuchsballon steigen, bietet diesem nicht nur Freundschaft, sondern eine neue Chance auf eine tiefere Beziehung an. Dawson wird sich entscheiden müssen und Jen weiß, dass sie im Moment keine wirklich guten Karten hat.

Joey jedoch ist betrübt …

Sicher wollte sie an diesem Tag dem Jungen gefallen, nur sollte dies letztlich nicht der Grund für dessen Begeisterung für sie sein. Er, der Vertraute, solle sie so nehmen, so lieben, wie sie ist, alles andere ist nur Tünche.
So bleibt ihr letztlich gar nichts anderes übrig, als zu verschwinden, sie muss das tun. Am nächsten Tag wäre sie ohnehin wieder die alte Joey …
Ihr hintergründiges, spitzbübisch-schelmisches Lächeln zeigt jedoch schon, dass sie an jenem Tag das Bewusstsein erhalten hatte, irgendwie hübsch zu sein, betrachtet sich nun frei von Kosmetik und sieht ihre natürliche Schönheit. Jetzt glaubt sie vielleicht ein wenig daran …

Paceys Mut ist gewaltig.
Dawsons Bemerkung, der Junge habe Eier aus Stahl, wenn er das ganze Ding durchziehe, trifft dies prägnant.
Der ganze Unsinn derartiger Veranstaltungen wird nun aufs Heftigste angeprangert, aller Sexismus dieser Welt verurteilt. Pacey hält all jenen, die es sich erdreisten, ihn beurteilen zu wollen, auf unnachahmliche Art den Spiegel vor das Gesicht.
Freigeist, Natürlichkeit und Toleranz werden als Grundwerte vermittelt und hochgehalten, kleinmütiges Denken und Gehabe wird abgelehnt.
Seltsam, dass man Gale Leery in die Jury gesetzt hat …
Doch ihre Aussage, Schönheitswettbewerbe und Gerechtigkeit wären Antipoden, hat einigermaßen Gewicht.

Eine singende Joey …
In Staffel 5 wird dieser Umstand dann neben dem Karaokegesang in S 3 noch zwei Mal aus dem Köcher geholt. Und auch da gelingt es ihr, immer genau die Menschen zu beeindrucken, die sie möchte.
Spannung pur ist jedenfalls für das Staffelfinale garantiert.

EPISODE 1.12
„Die Entscheidung" „Decisions", das Staffelfinale

Joey steigt in Dawsons Zimmer ein und teilt dem Jungen mit, dass sie eigentlich gar keine Zeit hätte, hier zu sein. Nervös und hektisch möchte dieser verhindern, dass das Mädchen sofort wieder verschwindet, und bietet ihr allerlei Möglichkeiten in Zusammenhang mit dem Fernsehprogramm an. Diese jedoch hat die Nase voll; fernzusehen ist ihr zuwider, alles ist absehbar und abgetakelt. Sie möchte nicht mehr auf der Stelle treten, möchte Veränderung, was Dawson jedoch verhindern will. Erfreut verweist er auf einen Zweiteiler mit großartigem Cliffhanger, der soeben im TV gezeigt wird. Joey sieht dies als Verarschung an und erklärt dem Freund, es wäre eine absolute Illusion, zu glauben, dass sich nach einem derartigen dramaturgischen Kunstkniff etwas ändern würde.

Für alle Beteiligten völlig überraschend erwacht Jens Großvater aus dem Koma und ruft nach seiner Enkelin.
 Hocherfreut und überglücklich berichtet das Mädchen dies Dawson in der Schule und möchte trotz der Wochenmitte etwas mit dem Exfreund unternehmen. Jener muss jedoch passen, er hat mit Joey etwas vor, meint aber, dies verschieben zu können.
 Da erscheint jene und wirkt ziemlich verwirrt und angeschlagen ...
 Man hätte ihr angeboten, ein halbes Jahr zur weiteren Ausbildung nach Frankreich gehen zu dürfen. Zwei Tage hätte sie für ihre Entscheidung Zeit ...
 Während sich Jen hochgradig darüber erfreut zeigt, hüllt sich Dawson weit gehend in Schweigen.

Bessie eröffnet ihrer jüngeren Schwester, dass diese im heurigen Jahr an der Reihe sei, den inhaftierten Vater zu dessen Geburtstag im Gefängnis zu besuchen, was Joey äußerst nervt. Letztlich muss sie jedoch die Vereinbarung einhalten und reist begleitet von Dawson per Bus zur Haftanstalt.

Pacey wird auf dem Weg zur Arbeit in der Videothek von Doug aufgehalten, der ihm mitteilt, wie sauer der Vater auf ihn sei, hatte doch die Schulleitung angerufen und das Durchfallen des Bruders zum Halbjahr bekannt gegeben. Weiters will der Ältere wissen, wie lange Pacey eigentlich noch Capesides Witzfigur darstellen will.

Dieser meint kryptisch, Vater und Bruder mögen sich um ihre eigenen Dinge kümmern und ihn zufriedenlassen.

Nach vierstündiger Busfahrt erreichen Dawson und Joey das Gefangenenhaus, doch sie kommen zu spät, die Besuchszeit ist seit wenigen Minuten zu Ende. So übernachten die beiden gemeinsam in einem Motel. Sie wollen sich die zeitraubenden Busfahrten ersparen und Mike Potter am kommenden Morgen besuchen.

Nervös stellt Dawson fest, dass dies die erste gemeinsame Nacht in einem fremden Bett sei und ganz überraschend möchte er auf dem Boden nächtigen. Mit dem Hinweis auf die herrschende Kälte kann Joey dem Freund dies allerdings ausreden. Ansatzweise versucht nun dieser der völlig verunsicherten Freundin sein Gefühlsdilemma und seine Ängste mitzuteilen …

Anderntags besuchen nun die beiden Mike Potter. Joey verhält sich dem Vater gegenüber abweisend und unversöhnlich. Nach wenigen Minuten verlässt sie das Besuchszimmer. Mike Potter ersucht Dawson, noch zu bleiben und ihm von seiner Tochter zu berichten, was der Junge auch tut.

Bei der Rückfahrt nach Capeside möchte Joey wissen, was der Vater Dawson gegenüber geäußert hätte, doch der Junge schweigt beharrlich; einzig die Aussage, dieser würde seine Tochter lieben, ist ihm zu entlocken, worauf Joey deutlich zu verstehen gibt, sie würde dem Mann nie verzeihen.

Daraufhin meint Dawson, dass man genau dies dem Vater mitteilen müsse, sonst wäre eine Aufarbeitung der ganzen Problematik nicht möglich.

Auf dessen Anfrage, ob das Mädchen nun schon eine Entscheidung wegen Frankreich getroffen hätte, ersucht diese um Bekanntgabe eines vernünftigen Grundes, warum sie nicht nach Europa fahren solle.

Dawson jedoch ist weiter blockiert und kann ihr keine Antwort liefern.

Verbittert besteigt sie ihr Boot und rudert davon.

Pacey besucht Joey im „Ice-House", klagt ihr sein Leid mit seinem Vater und erzählt von einem prägenden Vorfall in seiner Kindheit, wo der Vater gemeint hätte, einzig Doug wäre ein guter Sohn.

Nach kurzer Diskussion ergreift Joey die Initiative und ersucht den Freund, das Auto der Eltern „auszuleihen" und sie erneut zum Gefängnis zu bringen.

Pacey gelingt es nun zu nachtschlafener Zeit, den Portier des Gefängnisses zu bestechen, und am Zaun der Haftanstalt kommt es nun zu einer bewegenden Aussprache zwischen Vater und Tochter. In Anspielung auf die eigenen Fehler meint Mike Potter unter anderem, Joey solle Dawson mitteilen, dass sie ihn liebe, bevor es zu spät sei.

Jens Großvater wird zu einigen Untersuchungen ins Krankenhaus gebracht, wo ihn recht rasch ein Schlaganfall ereilt.

Verzweifelt läuft Jen zu Dawson und möchte einmal wie Joey bei ihm nächtigen. Nach einigem Zögern lässt dies der Junge zu …

Frühmorgens eilt Joey zu Dawson, klettert die Leiter zu dessen Zimmer hinauf und erblickt in dessen Bett Jen, die sich an den Jungen schmiegt. Unverzüglich macht sie kehrt und läuft davon …

Dawson ist verzweifelt, er ruft ihr nach, läuft ihr nach, sucht sie überall, doch das Mädchen bleibt unauffindbar.

Jen resigniert nun endgültig und macht sich verzagt auf den Heimweg, wo sie alsbald mittels eines Telefonanrufes aus dem Spital erfahren muss, dass der Großvater gestorben sei.

Gemeinsam mit der Großmutter besucht sie nun ein Gotteshaus, um für den Verstorbenen zu beten …

Ratlos kehrt Dawson nachhause zurück und findet Joey in seinem Zimmer vor. Die Blockaden fallen nun …

In einem beispiellosen Dialog erkennen die beiden letztendlich ihre Bereitschaft zur Ehrlichkeit und gestehen einander ihre wahren Gefühle füreinander. Einmal noch, auf die Frage, ob Dawson alle Konsequenzen dieser Ehrlichkeit auf sich nehmen könne, zögert der Junge, worauf Joey das Zimmer verlassen will. Dies lässt Dawson nun nicht mehr zu.

Er zieht das geliebte Mädchen an sich und küsst sie leidenschaftlich ...

REVIEW 1.12

Schon der Prolog bereitet im Subtext auf die Dramatik und die Intensität der finalen Episode vor, die hinsichtlich ihrer herausragenden Qualität nur mit dem Staffelfinale von S 4 und S 6, dem „letzten Abend" bzw. den „Drehtagen in Capeside" verglichen werden kann.

Erstmals spricht Joey direkt an, dass sie das Auf-der-Stelle-Treten satthabe.

Alles sei absehbar, es gäbe keine Veränderung, alles wäre ewig das gleiche, abgestandene Lied.

Nicht einmal der vom hektischen Dawson angepriesene große Zweiteiler im TV kann an ihrem ernüchterten Zustand etwas Positives bewirken.

Zusammen mit Dawsons Argument, dass sich vielleicht doch einmal etwas ändern könnte, spielen nun beide subtil, genial und metaphorisch auf ihre eigene Situation, aber auch auf DC selbst und den anstehenden Cliffhanger hin zu Staffel 2 an.

Doch der Prolog ist wahrlich nur ein Auftakt ...

Gestärkt durch zwei Frohbotschaften, das Erwachen des Großvaters aus dem Koma und Joeys möglichen längerfristigen Aufenthalt in Frankreich, riecht Jen Lunte, was ihre Absichten Dawson gegenüber betrifft.

Doch alsbald wendet sich das Blatt und macht alles Erhoffte zunichte ...

Der Großvater stirbt im Krankenhaus, Dawson läuft erneut Joey nach und wendet sich endgültig der Brünetten zu.
Für Jen stürzt nun eine Welt zusammen, was sie lange nicht verkraften wird …

In dieser finalen Episode der ersten Staffel wird nun mit Mike Potter ein Corpus Delicti persönlich vorgestellt, das wie ein Schatten in Text und Subtext durch die ganze Staffel geistert, und man wird mit einem neuen, bislang noch nicht bekannten Detail der tristen Potter'schen Familiengeschichte konfrontiert.
Mike Potter hatte ehemals die im Sterben liegende Ehegattin mit einer Kellnerin betrogen …

In Zusammenhang mit diesem und seiner jüngeren Tochter sei nun an dieser Stelle eine gewisse Kritik gestattet.
Joey sträubt sich vehement dagegen, ihren Vater besuchen zu müssen („… Vater unser, der du bist im Gefängnis …").
In 5.23 „Schwanengesang" wiederum erklärt Bessie, dass ihr die Schwester deshalb Sorgen gemacht hätte, weil sie unbedingt den Vater hätte besuchen wollen, was de facto nicht den Tatsachen entspricht …

Die Begegnung Dawsons mit dem Mann steht nun im absoluten Zentrum dieser Episode. Dessen großartige Beschreibung seiner Freundin fasst alle Erkenntnisse, die der Junge in letzter Zeit gewonnen hatte, zusammen, und am Ende steht die letzte noch ausstehende Wahrheit in Zusammenhang mit seinen Gefühlen für Mike Potters Tochter: „… für mich ist sie alles …"
Deutlicher als bislang, in größerer instrumentaler Besetzung, erklingt im Soundtrack nun das DJ-Motiv.
Dieser eine kurze, aber umso gewichtigere Satz ist Konsequenz aus und Basis für DC …

Subtil wie selten zuvor werden die drei Handlungsstränge zusammengeführt, ergänzen sich, steigern die Dramatik …
Joeys und Paceys gemeinsames Problem mit ihren Vätern steht als zweites Zentrum da.
Entgegen der Einschätzung durch sein Elternhaus, erweist sich der Junge als geschickt, raffiniert, lebensfähig. Wie auch

später, in 5. 23 „Schwanengesang", erkennt er die Nützlichkeit eines einer Amtsperson heimlich zugesteckten Geldscheines, hilft damit Joey, aber auch sich selbst gewaltig …

Deren zweites Gespräch mit ihrem Vater ist ein weiteres Glanzstück von DC. Stimmungsvoll ist der Rahmen, symbolträchtig der trennende Zaun; ehrlich und feinfühlig die Aussprache der beiden, wunderbar die kleine Szene, in der Joey den Finger von Mike Potter hält …
Nicht nur er, Mike Potter, würde seine Tochter lieben, auch Dawson würde dies tun … Der inhaftierte Vater spielt nun Zünglein an der Waage. Inspiriert durch Dawsons bewegende Worte, macht gerade er, der Geächtete, den Weg für das Pärchen erst frei.
In ähnlich subtil gezeichneter Art und Weise wird übrigens in 6. 16 „Geister der Vergangenheit" Pacey mit seinem, ebenso wie Mike Potter in einer emotional hoch belasteten Extremsituation befindlichen Vater Frieden schließen …

Von hohem symbolischen Wert erscheint allerdings auch der Name des Motels, in dem Joey und Dawson nächtigen, nämlich „loveless" …

Dawsons Pfad zur letzten Erkenntnis ist zwar zentrales Element, ein Höhepunkt, nicht aber Endpunkt des dramaturgischen Spannungsbogens, denn noch ist der Junge nicht im Stande, diese der betreffenden Person selbst mitzuteilen. Erst in der prekären und für die Beobachtende eindeutig wirkende Situation mit Jen weiß er, dass er nun unbedingt handeln und die Sache aufklären muss.
Doch noch meint Joey, dies sei gar nicht notwendig, er, Dawson könne ja tun, was er wolle und er sei ihr keine Rechtfertigung schuldig. Dieser jedoch sieht dies keineswegs mehr so.
Letztlich wird man sich zwar in Hinblick auf die gemeinsame Bereitschaft zur Ehrlichkeit einig; angesprochen auf das Tragen der daraus resultierenden Konsequenzen reagiert Dawson jedoch mit Schweigen …
Die Dramatik, die Spannung ist hiermit endgültig auf dem Höhepunkt. Erneut möchte sich Joey enttäuscht abwenden …

Für Dawson jedoch ist der Groschen gefallen; diese letzte Chance kann er nicht verstreichen lassen.

Mit einem erlösenden, einem wunderbaren Kuss geht die erste Serienstaffel zu Ende. Musikalisch untermalt wird dieses zentrale Ereignis von „Say goodnight, not goodbye", einem Titel, der auch die letzten Szenensequenzen des Serienfinales mitprägen wird.

Die letzte Kameraeinstellung kehrt also zur ersten der Pilotfolge zurück.

War in der ersten Folge niemand im kaum erleuchteten Fenster zu sehen, so stehen nun, am Ende eines an Dramatik kaum zu überbietenden Staffelfinales, die beiden Unzertrennlichen küssend im hellen, warm strahlenden Licht, das aus Dawsons Zimmer dringt.

Dawson's Creek Staffel 2

EPISODE 2.01
„Der Kuss" „The Kiss"

Mit der Kameraeinstellung der finalen Szene aus der letzten Episode startet also die zweite Staffel.

Nach dem intensiven, leidenschaftlichen, ja erlösenden Kuss sind Dawson und Joey nun einigermaßen verwirrt, verlegen; sie wissen nicht, wie sie nun mit der neuen Situation umgehen sollen und sie wissen genauso wenig, wie es nun weitergehen könnte. Zuerst überlegt man, die ganze Sache in getrennten Betten zu überschlafen. Dawson meint daraufhin, alles könnte dann nur ein schöner Traum gewesen sein, was Joey unverzüglich in die falsche Kehle bekommt und aus dieser Aussage entnimmt, der Junge wolle vergessen, dass dieses Ereignis je wirklich passiert sei.

Und wieder möchte sie daraufhin das Zimmer verlassen, doch Dawson verhindert dies; jetzt zu verschwinden, solle sie vergessen …

Mit „I don't want to wait" ist nun ein neuer, bislang unbekannter Titelsong zu hören, der in der deutschen Fassung nun bis zum Serienfinale ein treuer Begleiter wird.

Glücklich erwachen Dawson und Joey nun doch jeweils in ihren eigenen Betten; Gale versucht sich ihrem Ehemann zärtlich zu nähern, hat aber damit keinen Erfolg. Mitch ist abweisend; er hat angeblich recht bald einen geschäftlichen Termin.

Ganz im Gegensatz zur vergangenen Episode strahlt nun die Sonne in alle Räume hinein.

Sommerstimmung herrscht …

Parallel zueinander berichten nun Joey ihrer Schwester anlässlich einer Reifenpanne an Bessies Fahrzeug und Dawson seinem Kumpel Pacey beim Friseur von den brandneuen Entwicklungen.

Inspiriert durch Dawsons begeisternde Schilderungen, ändert Pacey sein Outfit, indem er sich blonde Strähnchen in sein Haar färben lässt, möchte Christie Livingstone, der Leiterin der Cheerleaderinnen imponieren und „leiht" sich für dieses Unterfangen das Polizeifahrzeug des Vaters aus.

Aus Unachtsamkeit kommt es nun zu einem folgenschweren Crash ...

Ohne zu blinken, fährt Pacey aus einer Parklücke; ein nachfolgendes Auto rammt nun das Polizeifahrzeug und beschädigt es. Die geschockte Lenkerin erweist sich als Andie Mc. Phee (Meredith Monroe), ein hübsches blondes Mädchen, das erst kürzlich nach Capeside zugezogen und ebenso kurz erst Besitzerin eines Führerscheins ist.

Pacey spielt sich als Polizeibeamter auf und mahnt das Mädchen ab.

In der Schule treffen die beiden wieder aufeinander und der neckische Scherz des frechen Jungen, des „Officer Pacey" fliegt recht bald auf.

Das blonde Mädchen aus Rhode Island ist erbost, rächt sich aber alsbald entsprechend.

Sie verspricht Pacey, diesem ein Date mit Christie Livingstone zu verschaffen, dichtet dem Jungen eine unheilbare und jederzeit todbringende Krankheit an, und erregt so das Mitleid der Cheerleaderin, die nun zu einem Treffen mit dem Jungen bereit ist.

Dieses verläuft allerdings nicht unbedingt nach dessen Geschmack.

Christie hat einen Freund, der sich stolzer Besitzer eines tollen Schlittens nennt und zudem noch Supersportler ist. Mitleidig tröstet sie den vermeintlich dem Tod geweihten Jungen mit ihrem eigenen Asthma und rauscht nach wenigen Minuten mit ihrem Freund von dannen, worauf sich Pacey resignierend dazu durchringt, zu seiner alten Haarfarbe zurückzukehren.

Joey hat sich dazu entschlossen, nicht nach Frankreich zu gehen.

Mit großer Erleichterung nimmt Dawson diesen erfreulichen Umstand zur Kenntnis und vereinbart mit seiner Freundin ein erstes offizielles Date im Rialto-Kino.

Dawsons Vater hat tatsächlich einen Termin. Dieser ist jedoch keineswegs geschäftlich, sondern bei einem Scheidungsanwalt.

Gale findet die Visitenkarte des Rechtsvertreters und spricht ihrem Ehemann ins Gewissen.

Dieser hätte letzten Endes nur seine Möglichkeiten im Falle einer Ehescheidung in Erfahrung bringen wollen …

Geschockt muss Jen zur Kenntnis nehmen, dass die Großmutter unverzüglich die Kleidung des verstorbenen Großvaters der kirchlichen Wohlfahrt stiftet, was für die ohnehin schon depressive Verstimmung der blonden New Yorkerin auch nicht unbedingt zuträglich ist.

Dawson besucht sie, bringt eine Köstlichkeit aus Mutters Küche mit und möchte sich auf diese Art als guter Freund erweisen, was Jen naturgemäß zu wenig ist.

So verläuft das Date mit Joey keineswegs so ungestört und romantisch wie erhofft, denn auch Jen besucht nun entgegen ihren früheren Absichten die Vorstellung im Rialto-Kino. Dawson erkennt deren psychische Situation, will ihr hilfreich und tröstend zur Seite stehen und lässt Joey alleine im Kinosaal zurück. Verzweifelt und mit allen Mitteln will nun die New Yorkerin den Jungen zurückgewinnen.

Dieser blockt aber letztlich ab, kehrt in den Kinosaal zurück und muss zu seinem Entsetzen feststellen, dass Joey verschwunden ist.

An der Hafenpromenade spürt er schlussendlich das hübsche Mädchen auf und entschuldigt sich bei ihr, was diese auch zur Kenntnis nimmt.

Sie erklärt nun Dawson die Gründe, warum sie ihre Pläne wegen Frankreich aufgegeben hätte und warnt den Jungen: War ihrer beider Beziehung immer schon schwierig, so sei dies gar nichts gegen das, was nun in ihrer neuen Beziehungsqualität auf sie beide zukommen würde.

Dawson jedoch schmettert dies ab und erklärt seiner Freundin die französischen Einflüsse hier in Capeside.

Auf der Schaukel des Spielplatzes kommt es nun zum heiß ersehnten zweiten Kuss der beiden.

REVIEW 2.01

Leider beginnt die erste Episode von S 2 mit einer Ungereimtheit; war es zum Staffelfinale von S 1 nämlich nebelig und kalt, alle liefen mit langen Hosen und Jacken bekleidet herum, so ist es tags darauf höchst sommerlich, was Joey veranlasst, Shorts zu tragen.

Man werte es als symbolische Geste, basierend auf die positive Entwicklung der Beziehung zwischen Dawson und Joey.

Jene hat sich entschieden, bleibt in Capeside, geht nun nicht nach Frankreich. Und sie nennt neben der nun weit gehend geklärten Beziehung zu Dawson triftige Gründe dafür: Sie beherrscht die Landessprache nicht, möchte nicht davonlaufen, sondern sich hierorts den Problemen und Entwicklungen stellen und sie stürzt sich deshalb nicht in dieses Abenteuer, weil sie es so gerne gewollt hätte.

Dieser Verzicht, das letzterwähnte Argument ist etwas absolut „joeytypisches", wobei man verzeihen möge, dass schon an dieser Stelle ein Ausdruck verwendet wird, der eigentlich erst in S 5 geprägt wird.

Ansätze zu solch einem Verhalten sind bei dem Mädchen nämlich durchaus häufig zu bemerken.

Jene ist nun ein wenig unschlüssig …

Sie berichtet Bessie von dem gewaltigen Kuss und dann herrscht eigentlich Stillstand, es geht nichts weiter.

Die Schwester beruhigt; der zweite, der rationale Kuss wird schon kommen. Und er kommt letztlich in einer Szene, die, wie so viele andere auch, zu einem Klassiker geworden ist, in der berührenden Schaukelszene.

Ein weiteres Mal werden die beiden übrigens diesen symbolträchtigen Ort zu einer intimen Aussprache benützen, in 4.15, den „vier Geschichten".

Jen ist völlig von der Rolle. Der Tod des Großvaters und die Tatsache, Dawson nun endgültig verloren zu haben, nagen an ihrer Psyche. Sie trägt sich mit Suizidgedanken, vermittelt diese Dawson und bittet diesen inständig, Joey nicht sofort zu bespringen.

Es ist ein klassischer Fall von Nötigung, der hier Dawson ausgesetzt ist, er handelt jedoch richtig, indem er diese weitestgehend von sich abprallen lässt und stattdessen den Menschen suchen geht, für den er sich letzten Endes entschieden hat.

Die witzige Seite dieser Episode liegt wieder einmal bei Pacey. Dessen „Zusammenstoß" mit Andie und die nachfolgenden peppigen Dialoge verhelfen Meredith Monroe zu einem fulminanten Start in DC.

Mehr als zwei Staffeln lang wird sie nun die Serie in ihrer unnachahmlichen Art und mit ihrem Charme bereichern.

Paceys angebliche „Herzverengung", die jederzeit letal enden kann, ist einer von Andies Geniestreichen, zeigt aber andererseits auch auf, wie sehr es mit dem biologischen Wissen der Highschüler im Argen liegt.

Mit Christie Livingstone wird jedenfalls ein Geschöpf präsentiert, das für Highschooljungs, wie Pacey, das erklärte Ziel aller Begierden sein muss; eine Metapher für alles Unerreichbare, wie es in 6.22 so treffend formuliert wird.

Auf der Verliererstraße scheint sich weiterhin das Ehepaar Leery zu befinden. Und diesmal ist es Mitch, der Unaufrichtigkeit in die Beziehung bringt. Man gehe wieder einmal davon aus, dass Gale die Großverdienerin in der Familie ist, so muss es notabene für den Mann von vitalem Interesse sein, zu erfahren, welche Möglichkeiten er im Falle einer Ehescheidung hat. Für die Stimmung im Hause erscheint jedenfalls dieser erneute Vertrauensmissbrauch nicht sehr zuträglich zu sein …

Wenn man von der oben genannten Ungereimtheit absieht, erscheint der Start in die neue Staffel jedoch prächtig gelungen, bietet mit Andie und Christie zwei neue, und im Fall der Erstgenannten, prägende Charaktere, bringt eine Vielzahl an entzückenden Szenen des nun endlich zusammengekommenen Pärchens und erreicht mit der finalen Szene auf der Schaukel ihren emotionalen Höhepunkt.

EPISODE 2.02
„Ein rabenschwarzer Tag" „Crossroads"

Dawson und Joey werden auf dem Zimmer des Jungen von dessen Eltern in einer höchst verfänglichen Situation ertappt.
 Mitch warnt daraufhin seinen Sohn, er möge ja auf effiziente Empfängnisverhütung Wert legen, worauf dieser meint, er würde mit dem Mädchen ja bloß herumknutschen.
 Und auch Gale handelt sofort und übergibt der Brünetten bei nächster Gelegenheit ein Aufklärungsbuch, welches sie schon lange für einen derartigen Anlass im Talon hat.
 Dem Pärchen ist die ganze Angelegenheit schrecklich peinlich, doch der anstehende gemeinsame Weg zur Schule wird zur Rettung vor weiteren unangenehmen elterlichen Äußerungen.

Um einen Punkt hat Pacey seine theoretische Führerscheinprüfung verpasst, und das genau an seinem Geburtstag, worauf er die Prüferin auch hinweist – leider ohne Erfolg.
 Wütend knallt er daraufhin sein Fahrrad auf den Boden vor der Schule, was Dawson beobachtet.
 Der verliebte Junge hat jedoch nur Gedanken über seine neuartige Beziehung zu Joey im Sinn und hat auf den Geburtstag, die Prüfung des Freundes und die geplante gemeinsame Fahrt nach Maine vergessen.
 Trotz vieler Andeutungen fällt bei dem blonden Jungen nicht der Groschen; Pacey interessieren nun Dawsons Minidramen nicht mehr; enttäuscht wendet sich dieser von seinem besten Freund ab.
 Unten am Fluss trifft er auf Jen, die immer noch höchst deprimiert über ihre derzeitige Lebenssituation ist. Beide stellen fest, dass sie von dem frisch verliebten Pärchen wohl vergessen worden sind.
 Die New Yorkerin rät Pacey, sein Leben selbst in die Hand zu nehmen und eine eigene Strandparty zu organisieren.
 Am Sportplatz der Schule trifft jene auf Abby Morgan, die zu provozieren beginnt und über die Erlebnisse des blonden Mädchens in New York Bescheid wissen will. In Jens Zimmer

werden nun intime Geheimnisse über deren Vorleben gelüftet. Und die beiden beschließen, mit einer Flasche Champagner bewaffnet bei Paceys Party zu erscheinen.

Dawson und Joey lernen im Zimmer des Mädchens. Diese kramt nach ihrem Tagebuch und möchte Mitch Leerys Äußerung „… gib der Liebe keine Chance …" darin verewigen.

Alexander meldet sich lautstark, und so muss die fürsorgliche Tante nach dem Rechten sehen und das Zimmer verlassen.

Inzwischen liest Dawson unerlaubt Auszüge aus dem Tagebuch, in denen sein Erstlingsfilm „Das Ungeheuer aus der Tiefe" verrissen und er selbst als untalentiert bezeichnet wird.

Unverzüglich verlässt er kommentarlos das Zimmer und lässt seine Freundin ratlos und verwirrt zurück.

Das Zusammenleben von Mitch und Gale wird immer schwieriger. Der Ehemann sucht Rat bei einem alten Freund und Gale tut dies bei Mrs. Ryan. Während Letztere die Erneuerung des Ehegelöbnisses als Allheilmittel vorschlägt, ist der freundschaftliche Rat des Erstgenannten die Führung einer offenen Ehe, was Mitch seiner Angetrauten nun auch vorschlägt. Jene ist jedoch von dieser Idee weder überzeugt noch sonderlich angetan.

Andie ersucht Joey um Hilfe. Ihr Bruder Jack braucht einen Job und würde gerne im „Ice-House" mitarbeiten. Joey ist einverstanden, der Junge solle sich bei ihr melden. Dawson hinterfragt nun hinterlistig die heimlich gelesenen Zeilen, worauf Joey recht schnell die Missetat ihres Freundes klar wird.

Wütend stellt sie ihn zur Rede, doch auch Dawson fühlt sich im Recht. Immerhin hätte sie ihn bislang in dieser, für ihn so zentralen Angelegenheit immer belogen. Doch Joey kontert; es ginge nicht um die Dinge, die da verewigt seien, sondern um die Tatsache, dass Dawson ihre Intimsphäre verletzt hätte.

In diese heftige Auseinandersetzung platzt nun Jack hinein, der gerade bei den Geschwistern Potter als neue Hilfskraft vorstellig werden möchte.

Andie erfährt von Paceys Party, besucht die einsame Veranstaltung und erfreut den Veranstalter mit spitzen Bemerkungen. Und auch Jen und Abby erscheinen – allerdings sturzbetrunken – bei dem „rauschenden" Fest. Abby wettet mit Jen um die Flaschenneige, dass die New Yorkerin den nächstbesten vorbeikommenden Jungen küssen würde. Das Opfer ist zum Erschrecken der Blondine allerdings Dawson, der sich daraufhin äußerst indigniert zeigt.

In der nächsten Auseinandersetzung zwischen den beiden besten Freunden fallen dann die Scheuklappen von Dawsons Augen. Wort- und gestenreich versucht sich dieser bei seinem Freund zu entschuldigen, was Pacey nicht zur Kenntnis nimmt; er hätte in Hinkunft keine Lust, drittes Rad am Wagen zu spielen.

Schüchtern beobachtet Jack die genervte Joey, fragt nach, ob dies denn der erste Streit mit Dawson gewesen sei, was Joey letztlich bejahen muss. Mit dem Hinweis auf eine nun auch anstehende Versöhnung bietet der Junge an, das Lokal alleine zuzuschließen. Nach langem Zögern stimmt Joey zu und der ungeschickte Jack lässt daraufhin ein ganzes Tablett klirrend zu Boden fallen …
Trotzdem begibt sich Joey auf die Party, wo sie sich mit Dawson versöhnt.

Die beiden betrunkenen Mädchen ätzen über das Pärchen, lassen kein gutes Haar an der angeblich so asozialen Joey, doch Jen hilft dies nichts; sie ist weiter fixiert auf Dawson und möchte diesen zurückgewinnen. Abby sagt der neu gewonnenen Freundin ihre Hilfe zu.

Andie hat ein Geburtstagsgeschenk für Pacey aufgetrieben, eine Billardkugel, die scherzhaft das Schicksal voraussagen kann, ein Präsent, das sie eigentlich ihrem Bruder zum letzten Weihnachtsfest hätte schenken wollen. Durch die Ungeschicklichkeit des blonden Mädchens fällt die Kugel ins Wasser; trotzdem kommen Andie und Pacey einander näher …

Joey spricht mit ihrem Freund nun Klartext, erklärt, wie es zu den widersprüchlichen Tagebucheintragungen hatte kommen können und versichert Dawson, wie sehr sie immer von diesem überzeugt gewesen und dass sie sein größter Fan sei.

Mit deren Einverständnis begibt sich Dawson nun zu seinem besten Freund, entschuldigt sich nochmals, versichert dem Jungen seine tiefe Freundschaft und gemeinsam beschließt man nun unerlaubt und ohne Führerschein mit Mitch Leerys Wagen nach Maine zu fahren.

REVIEW 2.02

„…Gib der Liebe keine Chance …" Mit der Aussage hat Mitch Leery sicherlich den Vogel abgeschossen. Diese Freud'sche Fehlleistung erscheint geradezu symptomatisch für den Zustand seiner eigenen Beziehung zu sein. Beiden Ehepartnern ist klar, dass unbedingt gehandelt werden müsse, sonst würde alles recht rasch ein tragisches Ende nehmen.

Beide suchen Rat, beide hören gänzlich unterschiedliche Meinungen. Entsetzt über Gales Berichte, sie sei inzwischen Stammkundin in einem Laden für Dessous, rät die gottesfürchtige Evelyn Ryan zu einer Erneuerung des ehelichen Versprechens.

Im Gegensatz dazu wird im Gespräch zwischen Mitch und dessen altem Schulfreund offenkundig, dass genau dieses Gelöbnis und dessen restriktive Formulierung der Stein des Anstoßes für das Scheitern so vieler Ehen sei. Als Lösung böte sich also die Führung einer offenen Ehe an, damit die Vertrauensbasis, die Ehrlichkeit zwischen beiden Ehepartnern wiederhergestellt werden könne.

Die Ehrlichkeit ist nun auch das Thema des Plots um Dawson und Joey.

Der Junge liest unerlaubt das Tagebuch seiner Freundin, was er sicher nicht hätte tun dürfen. Andererseits präsentiert es sich ja wie die sprichwörtliche verbotene Frucht.

Dawson ist nun doppelt verzweifelt. Mit dem Lesen der Zeilen alleine hat er schon Strafe genug. Warum hat ihn die Freundin immer belogen, warum hatte sie ihm die Wahrheit verschwiegen? Noch Sekunden zuvor hatte der Junge geglaubt, er wisse alles über sein Mädchen und nun – die ernüchternde Erkenntnis …

Joey hat natürlich Recht; sie ist zurecht aufgebracht; der strafbare Akt ist natürlich das Eindringen ihres Freundes in ihren Intimbereich. Und trotzdem bleibt nun über weite Strecken ein schaler Geschmack stehen …

Meisterhaft gelingt es dem resoluten Mädchen, die Tat des Jungen als alleinig verachtenswürdig dastehen zu lassen, womit eine absolute Parallele zu den schrecklichen Geschehnissen in 6.02 „Immer das alte Lied" offenbar wird, wo von Joey auch nur Dawson als Übeltäter hingestellt wird; sie selbst gibt sich jedoch als Unschuldslamm, was auch nicht so ganz richtig ist, hatte sie über den betreffenden Sommer ja auch eine Art Freund, dessen Existenz sie hinter dem Berg hält …

Somit wird also ein weiteres Charaktermerkmal der Josefine Potter offenkundig, ein rechthaberisches Naturell, das Widerspruch nicht duldet.

In dieser Episode löst sich allerdings das Problem letzten Endes in Wohlgefallen. Die Versöhnung der beiden im Regen, untermalt von „Kiss the Rain", ist als ein weiterer Klassiker der Serie zu sehen.

Und Joey erklärt ihrem Freund, was Sache ist, sie hat sich die so aufbauende Wahrheit für ihn persönlich aufgehoben. Es ist durchaus nachvollziehbar, dass das Mädchen in ihrer Situation, in der sie all die Gefühle für den Jungen verheimlichen hatte müssen, eine Art Ventil gebraucht hatte, eine Art Katalysator, der die wahren Empfindungen verschleiert, ins Gegenteil verdreht.

So ist es nun schließlich doch nur Dawson, der Unrechtes getan hat …

Die Annäherung von Jen Lindley und Abby Morgan verheißt nichts Gutes. Jen ist labil und zutiefst verletzt. Die durch das Leben in der Provinz Gelangweilte wird nun die Treibende, Verführende. Eine fatale Spirale beginnt sich zu drehen, Jen besinnt sich ihrer New Yorker Wurzeln. Da alles Erstrebenswerte nun weg ist, hat sie nichts mehr zu verlieren, kann sich nach Gutdünken gehen und treiben lassen.

Dies erkennt natürlich die gerissene Abby und kann die New Yorkerin für eine reine Zweckgemeinschaft nutzen, die Jen nur schaden wird. Und Abby lockt weiter; irgendwie werden wir dir den Jungen schon zurückholen, was auch nicht unbedingt Positives verheißt, zumal man sich die nicht gerade sensiblen Mittel der Miss Morgan wohl bestens vorstellen kann.

Was sich einmal lieben wird, das neckt sich jetzt.

So könnte man das derzeitige Einvernehmen zwischen Andie und Pacey bezeichnen, womit eine neue Parallele eröffnet wird, zu Pacey und Joey …

Auch die beiden konnten sich ja lange Zeit nicht ausstehen …

In diesem Zusammenhang erscheint es ein wenig schade, dass die freundschaftliche Annäherung der beiden nun ein so jähes Ende genommen hat.

Allerdings haben die peppigen Dialoge der beiden ja nun vollwertigen Ersatz gefunden …

Paceys Problem mit Dawson ist nur zu verständlich. Dessen Egomanie hat erschreckende Formen angenommen. So muss sich der Junge als einen sehen, an dem keiner, nicht einmal der beste Freund auch nur einen Funken Interesse hat. Das Drama Dawson und Joey hat er abgehakt und muss sich nun zusätzlich als zweite Wahl sehen.

Damit spielt er allerdings nicht mit …

Doch die tiefschürfende Andie kommt ihm ja zu Hilfe …

Kerr Smith bekommt in dieser Episode als schüchterner, ungeschickter und unbeholfener Jack Mc. Phee sein DC-Debüt, wobei schon nach den ersten kurzen Szenen dessen hochgradige Sensibilität und gute Beobachtungsgabe offenkundig wird.

Von einem hinreißenden Erstauftritt kann man allerdings noch nicht sprechen, dazu ist die Storyline noch nicht entwickelt genug, der Stoff derzeit noch zu dünn und ein Kritikpunkt sei an dieser Stelle angemerkt: Während Paceys Geburtstag in Staffel 4 (4. 13) in der kalten Jahreszeit angesiedelt ist, findet dieses Ereignis hier in S 2 in den Sommermonaten statt …

Trotzdem gehört diese Episode zu den Glanzlichtern der zweiten Staffel …

EPISODE 2. 03
„Die letzte Chance" „Alternative Lifestyles"

Mitch Leery schreitet zur Tat; er möchte nicht, dass der Sohn in seinem Haus Sex hat, entfernt die Leiter von Dawsons Fenster, untersagt nächtliche Besuche Joeys bei seinem Sohn und versucht die beiden so weit als möglich voneinander fernzuhalten. Mit dem Hinweis auf dessen eigene freizügige Jugend in den Sechzigern versucht der Junge seinen Vater von seinen diversen Vorhaben abzubringen, scheitert jedoch; der Vater bleibt stur.

In Dawsons Zimmer hat sich Joey im Kastenraum versteckt, wird von Mitch entdeckt und unverzüglich aus dem Haus geleitet.

Dawsons Frage an den Vater, ob denn dieser im betreffenden Alter nie herumgeknutscht hätte, hat erneut eine ernüchternde Antwort zur Konsequenz: Klar hätte er dieses – jedoch heimlich, was ja den besonderen Reiz der ganzen Sache ausgemacht hätte.

Die SchülerInnen der Capeside High werden im Sozialkundeunterricht vor eine schwierige Aufgabe gestellt. Paarweise haben sie ein privates Haushaltsbudget zu erstellen.

Die Zulosung ergibt, dass Pacey zusammen mit Andie eine Durchschnittsfamilie darstellt, Dawson mit Jen der akademischen Oberschicht angehören solle und Joeys Vorgabe wäre jene, eine allein erziehende Mutter und Karrierefrau zu spielen.

Abby wird zu ihrem Entsetzen Kenny, dem fülligen und unappetitlichen Klassenstreber zugelost. Zwei andere Jungs haben ein begütertes Schwulenpärchen darzustellen.

Trotz ihres unerwünschten Partners ist Abby letztlich doch von dem Losentscheid begeistert, sieht sie doch für ihre Freundin Jen eine gewaltige Chance, Dawson näherzukommen und ihn schlussendlich einzukochen.

Jen empfindet dies als nicht ganz so einfach, muss sich aber Abbys Forderungen beugen, ist sie dies ja ihrem New Yorker Ruf schuldig.

Joey betrachtet jedenfalls die gemeinsame Arbeit von Jen und Dawson mit Argusaugen ...

Die Blondine nützt nun jede sich bietende Gelegenheit, um Zeit mit Dawson zu verbringen und macht sich unübersehbar und mit allen Mitteln an den Jungen heran. Dieser jedoch bleibt standhaft und reagiert nicht auf die eindeutigen Avancen der New Yorkerin. Letzten Endes erklärt ihm diese gedemütigt, sie würde seine Beziehung mit Joey zwar akzeptieren, nicht jedoch respektieren und der Junge solle wissen, dass er noch andere Möglichkeiten hätte. Mit einem Kuss, der unerwidert bleibt, bekräftigt sie diese Aussage.

Das Ice-House soll von den Gesundheitsbehörden überprüft werden, was zum totalen Chaos wird. Bessie erklärt sich trotz der Stresssituation bereit, die kleine Schwester für ihre Hausaufgabe zu beraten, was diese rigoros und mit barschen Worten ablehnt, jene ist ihr einfach nicht erfolgreiche Karrierefrau genug.

So wird eine Innenarchitektin Joeys Mentorin. Das junge Mädchen kann aber dieser im Gegenzug in Sachen Planung für eine Restaurantkette durchaus gute und praktische Ratschläge geben.

Andie und Pacey sind mit Feldrecherchen beschäftigt. Sie müssen sehen, wie sie mit ihren knappen Ressourcen das Auslangen finden. Pacey besteht auf den Ankauf einer „Viper", eines sündhaft teuren Cabrios, was Andie strikt ablehnt. Es kommt zur Konfrontation der beiden und Pacey wirft dem Mädchen aus Rhode Island deren Reichtum vor. Im Streit gehen die beiden nun auseinander. Im Zuge eines Gesprächs mit Jack kommt aber die Wahrheit ans Licht: die Familie Mc.Phee sei keineswegs mehr so begütert, wie sie einmal war und Andie hätte wirklich kein so paradiesisches

Leben. Da ergreift Pacey die Initiative, liefert fleißig seinen Beitrag zu der Hausaufgabe und entschuldigt sich letztlich bei Andie für seine Fehleinschätzung.

Die umfangreiche Hausaufgabe beschäftigt Joey derartig, dass sie ihre Arbeit im „Ice-House" vernachlässigt, worauf sie von der enttäuschten und frustrierten Schwester gekündigt wird.

Letztlich erklärt Joey der Schwester ihre Wertschätzung, entschuldigt sich für die unangebrachten Worte, und die Geschwister, die immer schon ein tolles Team gewesen sind, schließen Frieden.

Kenny wirft der unwilligen Abby vor, keinen Strich für die gemeinsame Arbeit getan zu haben, was diese mit dessen unappetitlichen Outfit und ihren damit zusammenhängenden Übelkeitszuständen begründet.

Gales Auto hat Startprobleme, so lässt sie sich von einem Kollegen aus der Buchhaltung nachhause bringen. Mitch beobachtet dies und erneut steht die Frage nach einer offenen Ehe im Raum.

Mitch schlägt vor, jeden Donnerstag getrennt auszugehen. Gale stimmt halbherzig zu und die beiden machen die Probe aufs Exempel.

Tatsächlich zu amüsieren scheinen sich jedoch beide nicht …

Andie und Pacey sind auf dem Heimweg; wie üblich flachsen sie herum, da nähert sich ein Cabrio. Am Steuer sitzt … Tamara Jacobs …

REVIEW 2.03

Die Arbeit an der Hausaufgabe für Mikroökonomie bringt nun höchst interessante Konstellationen, koppelt Andie und Pacey, sowie Jen und Dawson zusammen, lässt aber Joey alleine stehen. All dies hat wiederum einen hohen symbolischen Wert.

Das brünette Mädchen ist nun fiktiv in der gleichen Situation, mit der sie schon ihr ganzes Leben zurechtkommen muss. Sie ist auf sich alleine gestellt, weiß sich aber durchaus zu helfen und wird von ihrer Mentorin auch noch ermuntert, für die Zukunft eine selbstständige Tätigkeit anzustreben.

Deren Beruf als Lektorin im Serienfinale lässt allerdings nicht unbedingt drauf schließen, dass sie dieses Ziel bis dahin auch vollinhaltlich umsetzen konnte.

Jens Abwärtsspirale dreht sich munter weiter …

Je größer Abbys Einfluss wird, desto mehr steht die blonde New Yorkerin unter Druck, den Erwartungen der an schlüpfrigen Geschichten so übermäßig interessierten Freundin gerecht zu werden. So lässt sie letztlich kein Mittel aus, um Dawson zu ködern und man weiß nun tatsächlich nicht mehr, welches die tatsächlichen Beweggründe für Jens so verändertes und verabscheuenswürdiges Verhalten sind. Ist es gekränkte Eitelkeit, Langeweile, der Druck von Abby, Enttäuschung, den Kürzeren gezogen und von der „Asozialen" ausgestochen worden zu sein, oder ist es wirklich die Liebe zu Dawson …

Tatsache ist jedenfalls, dass jene seit Beginn der zweiten Staffel regelmäßig dann, wenn sich die Beziehung zwischen Dawson und Joey einen Schritt weiter zu entwickeln scheint, plötzlich aus dem Nichts erscheint und quasi dazwischenfunkt.

In dieser Phase wirkt Jen wie ein schwarzer Schatten, der das Pärchen ständig umkreist, ist nun wirklich der „Instigator", als den sie sich im Serienfinale bezeichnet.

Dawson jedenfalls verhält sich mustergültig; er liebt Joey und ist ihr bedingungslos treu.

Mit der lasziv-herausfordernden Art hat Jen jedenfalls nicht den Funken einer Chance, beim Objekt ihrer Sehnsüchte zu punkten, was der Junge dieser auch direkt ins Gesicht sagt.

Durch den unerwiderten Kuss demütigt sie sich jedenfalls noch weiter und muss Abby, der Anstifterin zu all dem intriganten Tun, noch zusätzlich ihre völlige Erfolglosigkeit beichten.

Das Rätsel um die Familie Mc. Phee lichtete sich schön langsam. Andie ist also keineswegs die Prinzessin, die ein Leben wie im Paradies führen kann. Jack macht Pacey das auf einfühlsame und doch direkte Art klar ... würde er sonst als Küchenhilfe im „Ice-House" Geld dazuverdienen müssen ...
Der Bruder steht zudem voll hinter seiner Schwester ... „lass sie in Ruhe ... das hat sie nicht verdient ..."
Der Plot um Jack ist weiterhin noch ein geheimnisvoller, entwickelt sich sensibel und langsam. Dessen Ungeschicklichkeit ist scheinbar nur eine Äußerlichkeit, welche eine gewisse Unsicherheit gegenüber der Umwelt dokumentieren soll.
Noch steht der Junge jedenfalls ein wenig farblos im Hintergrund ...

Mitch Leery steht doppelt unter Zugzwang. Einerseits muss er seine väterliche Autorität geltend machen und mögliche sexuelle Begegnungen der Fünfzehnjährigen unter seinem Dach unterbinden, andererseits steht er vor den Trümmern seiner Ehe. Er kann also momentan niemandem vertrauen, was sich auch auf die restriktive Haltung gegenüber seinem Sohn und dessen Freundin auswirkt.
So erscheint die Idee des getrennt zu verbringenden Donnerstagabend auch nur wieder ein Vorwand, eine Art Flucht vor der Realität zu sein, was ja auch schnell offenbar wird.
Beide Eheleute sind es nicht mehr gewohnt, alleine auszugehen. Dementsprechend wenig können sie damit anfangen; entgegen Mitchs Aussagen ist das Amüsement reichlich schwach ...
Typisch, dass Gale auf die Vereinbarung vergisst und stattdessen ein romantisches Abendessen herzaubert. Enttäuscht muss sie die Kerzen jedoch wieder ausblasen ...
Beide vernachlässigen nun ihre selbst auferlegte Aufsichtspflicht gegenüber Dawson und Joey, ein wichtiger Schritt

in deren Beziehung scheint also direkt bevorzustehen, doch schon ist die lasziv gestylte Jen zur Stelle und macht alle romantischen Gedanken des Pärchens unverzüglich zunichte.

Am Horizont dräut nun Ungemach hervor …
Das plötzliche Auftauchen von Miss Jacobs verheißt nichts Gutes, zumal durch die neuen Einschätzungen, die tatsächlichen Identitäten des jeweils anderen betreffend, eine weitere spürbare, höchst positive und im gleichen Maß begrüßenswerte Annäherung von Pacey und Andie stattgefunden hat.

EPISODE 2.04
„Tamaras Rückkehr" „Tamara's Return"

Dawson und Joey haben Probleme; außer in der Botanik haben sie kaum Möglichkeiten, ihre Zeit ohne Aufsicht und ungestört miteinander zu verbringen. So sind sie gezwungen, unter freiem Himmel zu knutschen, was Joey jedoch nicht angenehm ist.

In romantisch-kitschigen Worten preist Dawson die Vorzüge der natürlichen Umgebung an, was Joey nun doch extrem sexy findet …

Mitch Leery hat keineswegs seinen Traum vom eigenen Restaurant aufgegeben und trifft sich in diesem Zusammenhang mit Tamara Jacobs, die ein für dessen Vorhaben geeignetes Lagerhaus verkaufen will, was nun auch ihr erneutes Erscheinen hier in Capeside rechtfertigt. Dawson ist zufällig bei einem diesbezüglichen Treffen seines Vaters mit der ehemaligen Lehrerin anwesend und will in der Schule unverzüglich Pacey Bescheid geben. Andie platzt in das Gespräch der beiden hinein; so bliebt der Junge uninformiert.

Dieser entdeckt nun ihrer beider Begeisterung für den Film „Dumbo" und schlägt Andie vor, ein wenig gemeinsam in den Straßen Capesides herumzubummeln. Nach kurzer Zeit treffen die beiden auf Tamara.

Pacey ist sprachlos …

Dawson begleitet Joey zu einem Vortrag über abstrakte Kunst, welchen die Innenarchitektin Laura, die dem Mädchen bei ihrer Hausarbeit behilflich war, hält.

Der blonde Junge kann jedoch mit expressionistischer Kunst nichts anfangen und teilt dies seiner Freundin auch mit, was diese jedoch nicht begreifen kann.

Laura lädt Joey dazu ein, bei ihrem Kunstseminar ein wenig schnuppern zu kommen.

Dort stellt sich das brünette Mädchen derart geschickt und talentiert an, dass die Kursleiterin von Joey restlos begeistert ist und dieser fundamentalen Kunstunterricht empfiehlt.

Leidenschaftlich stürzt sich das Mädchen nun in ihre künstlerischen Ambitionen, was Dawson sofort auffällt. Er begrüßt die Absichten seiner Freundin, bezeichnet aber deren Leidenschaft als Hobby, was bei dem Mädchen in die falsche Kehle gerät.

Pacey besucht Tamara bei deren ehemaligem Haus. Beide sind vom Wiedersehen überwältigt. Schweigend genießen sie den Augenblick.

Unter einem schulbezogenen Vorwand sucht Andie Dawson heim, der gerade mit Hausarbeit beschäftigt ist. Tatsächlich möchte sie jedoch wissen, ob Pacey seinem Freund gegenüber vielleicht einmal erwähnt hätte, dass er sie möge. Dawson muss dies verneinen, meint aber, dass es oftmals Paceys Art sei, sich abscheulich zu benehmen und dabei gleichzeitig zu flirten. Daraufhin muss er dem Mädchen versprechen, dem Freund kein Sterbenswörtchen von Besuch und Frage zu verraten.

Dieser findet sich nun bei Dawson ein und wirft dem Freund vor, ihm von Tamaras Anwesenheit nichts berichtet zu haben. Dieser ersucht seinen alten Kumpel, sich von der Frau unbedingt fernzuhalten, es gäbe ja durchaus andere Mädchen, die ihn mögen würden. Auf Paceys genervtes Nachbohren hin, bricht Dawson sein Versprechen gegenüber Andie …

Im Hause Morgan ist Zahltag.

Mit jeder Menge Geld ausgestattet, verführt Abby ihre Freundin Jen zu einer ausgiebigen Einkaufstour durch

Capeside. Nach kurzer Zeit ist jedoch der Vorrat an Barem auch schon zu Ende. In einem Café lernen die beiden mit Vincent einen gut aussehenden reiferen Mann kennen, einen Fischer, der es Abby unverzüglich angetan hat. Für ein ausgiebigeres Gespräch hat dieser jedoch keine Zeit, er muss zurück zu den Docks, wo ihn die beiden Mädchen später aufspüren.

Abby möchte den Mann zu einer abendlichen Tour durch das Städtchen einladen, verhält sich aber so herablassend, dass Vincent sofort abwinkt, Jen gegenüber aber auf direkte Art Interesse signalisiert; Abby jedoch möge er nicht, diese solle gefälligst daheimbleiben.

Jene ist wütend und außer sich, wirft ihrer Freundin vor, sie hätte ihr vor den eigenen Augen den einzigen Mann, an dem sie Interesse hätte, ausgespannt; ein böser, untergriffiger Streit der beiden ist die Folge.

Im College findet eine Ausstellung expressionistischer Kunst statt, wo Jarvis Gemälde, die Laura in deren Vortrag analysiert hatte, ausgestellt sind und die Joey unbedingt sehen will. Im „Ice-House" ist wenig Betrieb, Bessie gibt der Schwester dienstfrei und ersucht sie, Jack, der nur unnötig herumsitzt, in die Ausstellung mitzunehmen. Dort erweist sich der Junge als absoluter Kunstkenner, Liebhaber des Expressionismus und Verächter aller Menschen, welche die Genialität dieser Werke nicht sehen würden.

Dies gibt Joey sichtlich zu denken …

Dawson erscheint bei der Ausstellung und möchte nun seiner Freundin die Begleitung dahin anbieten. Mit dem Hinweis, sie hätte die ausgestellten Werke schon gesehen und sie wären ohnehin nicht Dawsons Ding, lehnt jene dessen gut gemeintes Angebot ab, beklagt die Tatsache, dass ihre Beziehung zu ihm auf der Stelle träte und verschwindet.

Pacey besucht Tamara in deren Lagerhalle, teilt seiner Exgeliebten mit, dass es ihm gut gehe und dass er erwachsen geworden wäre. Gleichzeitig aber muss er einräumen, dass ihm die Intimität mit ihr schon sehr fehle, was die Frau umgekehrt auch zugeben muss.

Mit einem leidenschaftlichen Kuss verabschieden sich die beiden nun endgültig voneinander; Tamara muss die Halle für den nächsten potenziellen Käufer säubern, Pacey geht wortlos von dannen.

In einem Café trifft er auf Andie, wo diese recht rasch dahinter kommt, dass Dawson sein Versprechen nicht gehalten hat. Pacey jedenfalls spricht laut seine Vermutung aus, dass ihn das Mädchen offenbar tatsächlich möge …

Am Wegrand wartet Dawson auf Joey. Diese ist verzweifelt und weiß nicht, wie sie ihrem Freund ihr abweisendes und eigenwilliges Verhalten in der letzten Zeit erklären könne. Am Beispiel einer Skizze versucht sie dem Jungen klarzumachen, dass er ihr einziges Sinnen und Trachten sei, das Einzige außer der neu erwachten Begeisterung für die Kunst, was sie wirklich lieben würde.

Ohne ihn hätte sie in ihrem Leben gar nichts, und genau das mache ihr Angst.

So gäbe es nur die Alternativen, den Jungen gleich zum Teufel zu schicken oder ihn ganz festzuhalten. Auf dessen Frage, welche Alternative nun für Joey infrage käme, hat diese keine Antwort parat.

Dieses Problem möchte sie vorderhand ungelöst lassen …

REVIEW 2.04

Unvermittelt, inspiriert durch Lauras aufmunternde und Selbstvertrauen gebende Worte, entdeckt Joey ihr Interesse für Kunst, was sich binnen kürzester Zeit zu einer absoluten Leidenschaft hochstilisiert.

Joey ist an sich nicht sprunghaft, dazu ist sie viel zu pragmatisch und vorsichtig; deshalb erscheint diese extrem rasche Entwicklung auf den ersten Blick ein wenig seltsam.

An dieser Stelle wäre es vielleicht ganz günstig, sich ein wenig mit den künstlerischen Ambitionen des Mädchens auseinanderzusetzen:

Vor dem Einstieg von DC, in der frühen Jugend, ist wenig von deren Interesse an künstlerischer Tätigkeit bekannt. Ein wenig wird nun aber das Dunkel um ihre verstorbene Mutter gelichtet; es wird bekannt, dass diese eine autoditakte Künstlerin gewesen sei und gerne zu den Lieblingsgeschichten der Tochter Bilder gemalt hätte, was bei dieser eine gewisse genetische Prädisposition, aber auch Interesse erklären würde.

In Staffel 1 ist neben Joeys Tätigkeit als Amateurschauspielerin und Produzentin in Dawsons Film in weiterer Folge außer den Gesangsversuchen in 1.11 „Pretty Women" nicht unbedingt viel Kreatives zu bemerken.

Das ändert sich nun in S 2 …

Ihre Beziehung zu Dawson tritt auf der Stelle; außer dem „Knutschen" hat sich nicht viel geändert. Das Thema Sex ist fest im Subtext verpackt, wird von Joey in 2.01 kurz angedeutet: „… ich kenne übrigens ein gutes Hotel …", in „die letzte Chance" wird Joey erneut aktiv und meint, man solle die Zeit ohne Aufsicht nutzen; und auch in der laufenden Episode wird diese schlummernde Thematik im kurz gehaltenen Prolog tangiert: „… ich finde das extrem sexy …" Fordernd ergreift das Mädchen nun auch in der Körpersprache die Initiative …

Dawson jedoch erscheint nicht bereit …

Dessen Erkenntnis naht, dass seine Liebe zu Joey weit über das Physische hinausgeht, was ansatzweise schon im Staffelfinale von S 1 mit der Aussage „… für mich ist sie alles …" deutlich wird.

Das Mädchen scheint jedoch auch durchaus Handfestes zu bevorzugen; so ist es logisch, dass sich Joey einen Weg aus dem Dilemma sucht.

Die Kunst erscheint ihr als Alternative, wo sie sich ausleben und auch innere Blockaden überwinden könnte.

Auf Dawson als einzigen Fixpunkt in ihrem Leben möchte sie sich nun nicht mehr verlassen. Es ist durchaus verständlich, dass es ihr Angst macht, an nichts anderes denken, nichts anderes lieben zu können, als den Jungen.

In S 3 ist jedenfalls mit Ausnahme des eigenwilligen Wandgemäldes nicht viel an kreativem Schaffen zu bemerken, was erst recht für die diesbezügliche Nullnummer in S 4 gilt, wenn man von den wenigen grafischen Werken absieht, die sie später Lilly zum ersten Geburtstag schenkt ...

Einzig das Verfassen der Rede zur Abschlussfeier an der Capeside High lässt eine gewisse Kreativität und bereits eine Verschiebung ihrer Ambitionen in Richtung Autorentätigkeit durchblicken.

Erst in S 5 – inspiriert durch Prof. Wilder und den erneuten Problemen in ihrer Beziehung zu Dawson wird sie wieder kreativ, wendet sich endgültig der Schriftstellerei zu und ist dort keineswegs erfolglos, was die Verewigung ihres Beitrages „Der Kuss" im Jahrbuch der Universität beweist.

Sodann geht Dawson eigene Wege, seine Horizonte verschieben sich, Joey rückt ein wenig aus dem absoluten Zentrum seines Universums; merklich erleichtert über diese Tatsache, versucht sich jene erneut als Sängerin, bevor mit S 6 sämtliche kreativen Ansätze dem Untergang geweiht sind. In Prof. Hedsons Seminar ist sie letztlich nur Konsumierende, Lernende ...

Mit ihrer Tätigkeit als Lektorin in einem Verlag beschließt DC Joeys kreative Ambitionen ...

Jacks Neigungen, aber auch dessen Charakter, verdichten sich. So sehr der Junge in seinem Job eine Niete darzustellen scheint, so überraschend kompetent gibt er sich in Sachen Kunst, was bei Joey tiefen Eindruck hinterlässt und in Hinblick auf die nähere Zukunft ebenso tief blicken lässt.

Dawson jedenfalls ist in dieser Hinsicht kein ebenbürtiger Zeitgenosse. In dieser Phase nimmt er seine Freundin einfach nicht ernst genug; alles scheint ein leichtes Spiel für ihn zu sein. Zusehends verliert er an Tiefgang, Substanz und an der Freude an kreativem Schaffen.

Die Rückkehr Tamaras, verpackt in eine zu verkaufende Liegenschaft, erscheint sehr wichtig zu sein, gibt sie Pacey die Gelegenheit, zu erkennen, dass er über die Exgeliebte nun tatsächlich hinweggekommen ist. Der leidenschaftliche und letztlich für Pacey zufrieden stellende Abschied macht für diesen, aber auch für Andie erst den Weg zu einer möglichen ernsthaften gemeinsamen Beziehung frei.

Der Plot um Jen, Abby und Vincent ist gerade symptomatisch für die derzeitige Verfassung der New Yorkerin. So unreif und überheblich sich Abby auch verhält, so ist ihr letztlich doch Recht zu geben und ihre Verbitterung und Wut ist nachvollziehbar. Mit den Versuchen, Abbys hochnäsiges Verhalten zu erklären, baggert die New Yorkerin erst recht den Mann an und spielt letzten Endes das Unschuldslamm …

In diesem Plot ist jedenfalls für weitere Konflikte mächtig vorgesorgt.

EPISODE 2. 05
„Vollmond" „Full Moon Rising"

Das Geschehen rund um Dawson und Joey hat sich, was den Prolog betrifft, nun schon einige Zeit lang aus dem Zimmer des Jungen hinaus ins Freie verlagert. Auf dem Dach der Veranda diskutieren die beiden den Einfluss des Vollmonds auf den Lauf der Dinge. Joey steht dem Naturschauspiel sehr skeptisch gegenüber und versucht, die Sache wissenschaftlich zu betrachten, Dawson liebt den Vollmond und sieht in ihm die pure Romantik.

Mitch Leery möchte vor der endgültigen Kaufentscheidung, Tamara Jacobs' Lagerhalle betreffend, noch einmal deren Grundrisse sehen. Diese hat es mit der Transaktion ziemlich eilig, will sie so rasch als möglich endgültig alle Brücken zu Capeside abbrechen.

Andie möchte sich in der Videothek ein Video ausleihen und ertappt Pacey beim Konsumieren von schlüpfrigem Filmmaterial, was heftiges Geflachse zur Folge hat. Daraufhin bittet der Junge Andie um ein Date, abends, im Kino …

Zu diesem Behufe möchte er das Mädchen von zuhause abholen, was diese jedoch strikt ablehnt. Sie möchte sich zumindest auf neutralem Boden, beispielsweise im „Ice-House" mit dem Jungen treffen.

Vincent und Jen treffen zufällig aufeinander. Der Fischer bittet nun die New Yorkerin um ein Date …

Abby möchte die Freundschaft zu Jen wiederherstellen und entschuldigt sich bei ihr. Man beschließt, sich niemals mehr wegen eines Mannes in die Wolle zu geraten. Daraufhin berichtet Jen hocherfreut von ihrem bevorstehenden Date, worauf Abby erneut unkontrolliert ausrastet und die Freundin heftig provoziert. Der zynische Hinweis auf Jens dunkle Vergangenheit trägt ihr nun eine schallende Ohrfeige ein.

Gale erwartet den Besuch eines Reporterkollegen, was bei Mitch unverzüglich wieder tiefes Misstrauen auslöst. Sie verweist auf das geplante Restaurant, hinter dem sie erneut ein Luftschloss des Ehemanns ortet. Sie stellt fest, dass sie als arbeitende Person zumindest Kollegen und der Ehemann zwar Träume, sonst aber keinerlei Arbeit hätte, worauf es naturgemäß erneut zu Zwistigkeiten kommt, welche die gemeinsam am Lernen befindlichen Dawson und Joey hautnah mitbekommen. Rasch beschließt das Mädchen, das Feld zu räumen und ihrerseits zur Arbeit zu gehen.

Unangesagt findet sich nun Miss Jacobs bei den Leerys ein. Sie möchte nun eine endgültige Entscheidung Mitchs zu Gehör bekommen. Und erneut kommt es zu Misstönen, als Gale in Zusammenhang mit dem geplanten Kauf von Bruchbude spricht und ab sofort nicht mehr bereit ist, ihren Mann finanziell in seinen niemals umsetzbaren Träumen zu unterstützen.

Im „Ice-House" herrscht die absolute Flaute. Gerade ein Gast befindet sich im Lokal. Joey beschäftigt sich mit einer Zeichnung und Jack langweilt sich. Die beiden diskutieren nun unter gänzlich unterschiedlichen Gesichtspunkten über die Tätigkeiten im Gastgewerbe, wobei Jack feststellt, das Mädchen sei immer aggressiv.

Zu allem Überdruss fällt nun auch die Pumpe des Aquariums aus und die darin befindlichen sündteuren Hummer sind somit dem Verenden ausgesetzt.

Zudem erscheint Andie im Lokal, die auf der Suche nach Pacey ist. Mit Entsetzen muss das blonde Mädchen vermuten, dass der Junge womöglich nun doch bei ihr zuhause sei, um sie abzuholen.

Der einsame Gast rät nun Jack und Joey, den Schalter des Aquariums ab und wieder einzuschalten, worauf das Gerät zu Joeys großer Erleichterung tatsächlich wieder funktionstüchtig ist.

Grams beabsichtigt, den abendlichen Bibelkreis zu besuchen und lädt Jen dazu ein. Diese hat jedoch das Date mit Vincent und verzichtet daher dankend.

Dieser stellt sich als hochintelligenter Mann heraus, der mit der Fischerei sein Jurastudium finanzieren will.

Jen nutzt nun die Abwesenheit der Großmutter, um Vincent nach allen Regeln der Kunst zu verführen, was auch fast gelingt. Im letzten Moment werden die beiden von der zurückkehrenden Großmutter in eindeutiger Pose auf dem Esstisch ertappt und mit dem Hinweis, das Mädchen wäre nicht einmal sechzehn, unverzüglich getrennt. Fluchtartig sucht der Mann das Weite.

Ungebeten hat sich Abby bei Dawson eingefunden, da sie die Aktivitäten Jens in Zusammenhang mit Vincent durch das Fenster des Jungen betrachten und ihr nachspionieren möchte.

Dawson reagiert genervt und will den Quälgeist rasch los werden. Stattdessen wird er von Abby angebaggert, Joey müsse ja nichts davon erfahren und Jen solle ja durchaus eifersüchtig werden …

Nun hat Dawson restlos die Nase voll und wirft das intrigante Wesen hinaus.

Er begibt sich zu den Eltern hinunter und stellt diese zur Rede. Der Sohn möchte nun wissen, ob das Ehepaar eine offene Ehe führe.

Diese müssen dies letztlich bejahen, was Dawson auf die Barrikaden treibt. Gale meint, dass dies keineswegs ihre Idee gewesen wäre. Daraufhin geißelt der Ehemann erneut seine Frau wegen ihres Fehltritts, diese läuft weinend aus dem Zimmer, erneut rastet der entnervte Sohn aus und bekniet den Vater, seinen Egoismus zu überwinden und der Ehefrau endlich zu verzeihen.

Das kann dieser jedoch nicht und entschließt sich stattdessen, die Ehefrau zu verlassen.

Unbemerkt hat der einsame Gast das „Ice-House" verlassen und einen Zettel mit einem Gedicht, die Vergeudung der Liebe betreffend, aber auch eine Einhundert-Dollar-Note hinterlassen. Jack und Joey sind außer sich vor Freude; das Licht geht aus, hell scheint der Vollmond in das Lokal hinein;
Jack zieht Joey zu sich heran und küsst sie …

Andie findet Pacey nun tatsächlich bei sich zuhause vor, macht ihm Vorwürfe und möchte mit ihm sofort das Haus verlassen. Pacey jedoch hat kein Verständnis dafür, war er doch von Mrs. Mc. Phee freundlich empfangen und zum Essen mit der ganzen Familie eingeladen worden.
Nach langem Zögern rückt nun Andie mit der traurigen Wahrheit heraus: Tim, ihr älterer Bruder sei bei einem von der Mutter selbst verschuldeten Autounfall ums Leben gekommen und der Vater hätte sich daraufhin nach Providence abgesetzt. Die Mutter sei seit dem Unfall in psychiatrischer Behandlung und sie, Andie wäre die Einzige, welche mit der Kranken umgehen könne. Da Jack in einer Phantasiewelt lebe, laste der ganze familiäre Druck auf ihr. Pacey ist nunmehr völlig verstört; er nimmt das bedauernswerte Mädchen in die Arme, wo Andie sich ausweint.

Dawson erscheint beim Ice-House, um Joey abzuholen. Zuhause auf der Veranda, möchte die Brünette ihrem Freund von dem eigenartigen Tag und von Jacks Kuss berichten. Der Junge ist jedoch aufgrund der Vorkommnisse im Elternhaus fix und fertig, so beschränkt sich diese letztlich darauf, den Freund zu trösten, ihn in die Arme zu nehmen und liebevoll übers Haar zu streichen.

Grams ist erbost über das verabscheuenswürdige Verhalten ihrer Enkelin, und untersagt ihr derartige entwürdigende Eskapaden, solange sie für diese verantwortlich sei und jene unter ihrem Dach wohne.

Mit szenischen Blicken auf die einsam und verstört auf der Treppe von Grams Haus sitzende Jen, auf Joey, die ihrem Freund zärtlich übers Haar streicht, auf Jack, der alleine vor dem „Ice-House" sitzt und das Gedicht des Fremden liest, auf Mitch, der in einem Hotelbett liegt und letztlich auf Andie, die sich an Paceys Brust ausweint, schließt diese Episode.

REVIEW 2.05

Mit dem „Vollmond" erreicht die zweite Staffel einen ersten echten Höhepunkt …

Joey sollte Recht behalten, der Vollmond hat wohl wirklich nichts mit Romantik zu tun, sondern bringt tatsächlich die ganze Welt durcheinander.

Der Hauptplot ist im Hause der Leerys angesiedelt.

Wieder einmal ist es so weit …

Gales Fehltritt wird anhand des eingeladenen Reporterkollegen erneut zum Hauptthema. Allerdings hat die Ehefrau in der letzten Zeit alles Menschenmögliche getan, um ihren gehörnten Gatten zu besänftigen, ihn versöhnlich zu stimmen. Unzählige Male hat sie sich entschuldigt, doch leider erfolglos. Immer wieder, bei jeder sich bietenden Gelegenheit wird die Sache auf das Tapet gebracht.

Und diesmal ist nun auch noch Alkohol mit im Spiel.

Gale hat nun ihrerseits genug; Tamara Jacobs Immobilie wird zum großen Knackpunkt. Die Ehefrau will den Mann nun in seinen Träumen nicht mehr unterstützen, sie hat die Seifenblasen satt.

Erstmalig in DC wird Mitchs Lebenssituation sehr eindringlich thematisiert und damit auch dessen widersprüchliches Verhältnis zur Werktätigkeit.

Und erneut dreht Mitch den Spieß um; Gale hätte ihn ja in Wirklichkeit nie unterstützt, wäre nie hinter ihm gestanden, sondern stattdessen mit dem Bob, dem Reporterkollegen ins Bett gesprungen.

Das ist nun auch für Dawson zu viel des Guten.

So sehr dieser auch seinem Vater nahesteht, so kann er nun diesen Ausbruch nicht mehr nachvollziehen. Er fleht den Mann an, versöhnlich zu sein, endlich Ruhe zu geben.

Dieser berichtet nun von seinem eigenen Vater, von den vielen Dingen, die er selbst von jenem gelernt hat, und schluchzend muss er feststellen, dass er keine Verhaltensregeln gelernt hätte, wenn man betrogen worden sei.

Mitch Leery scheint fixiert auf seinen eigenen Vater zu sein, dürfte diesen in jeder Lebenslage kopieren und scheint sich niemals kritisch mit ihm auseinandergesetzt zu haben.

Der betrogene Ehemann muss jetzt aus dem Schatten seines Vaters treten, muss eine eigenständige Entscheidung treffen und er trifft eine rigorose, er verlässt Haus und Familie.

Ein ähnliches Schicksal hätte übrigens auch Dawson widerfahren können; auch er war auf den Vater fixiert, auf den Menschen, der ja immer daheim gewesen, ihm immer mit Rat und Tat zur Seite gestanden war. Doch die Ereignisse der letzten Zeit und das momentane Verhalten des Mannes haben diesen Nimbus kräftig ins Wanken gebracht. Lautstark kritisiert nun Dawson den Vater …

In weiterer Folge wird sich dann dieses Verhaltensmuster des Sohnes noch wesentlich verstärken, die Konflikte werden sich mehren.

Noch immer aber ist der Vater in Hinblick auf Sexualität und das Ausleben dieses Triebes für den Sohn das Maß aller Dinge, dem man nicht gleichkommen kann, und ist somit ein Hemmschuh.

Erst mit der Episode 5.04, mit dem Unfalltod des Vaters, wird dieses „Überich" quasi „beseitigt" und Dawson kann sein eigenes Sexualleben entwickeln.

Unheimlich sind die Vorkommnisse im „Ice-House" gezeichnet. Auch hier bringt der Vollmond alles durcheinander, der seltsame einsame Gast, das plötzlich kaputte Aquarium, das nach einem einfachen Trick wieder funktioniert, aber auch Andies nervöses Erscheinen, das höchst seltsame Gedicht …

Jack erscheint rätselhaft, geheimnisvoll, wie die ganze Familie Mc. Phee …

Hat der Junge Interesse an Joey? Spätestens mit dem Kuss wird dies offenkundig.

Das Mädchen lässt den Kuss auch noch zu, wehrt sich nicht dagegen …

Der Rest ist Schweigen …

Im übertragenen Sinn steht nun Dawson vor der identischen Situation, wie sein eigener Vater, die Freundin hat ihn mit einem Arbeitskollegen betrogen …

Ein ebenso rätselhafter Mensch ist Abby Morgan …
Sprunghaft, intrigant, unkontrollierbar, lasziv, nervend, unreif und neugierig; aber auch herausfordernd und ehrlich …
In ihren positiven Eigenschaften erinnert sie ein wenig an Joey; vielleicht darf sie gerade deshalb als einziges Mädchen außer jener die Leiter hinauf zu Dawsons Zimmer benützen.
Aber man erfährt zumindest von den Vorteilen geschiedener Eltern; die Nachteile offenbaren sich in Abbys charakterlicher Entwicklung …

Jen erscheint am Tiefpunkt angelangt zu sein; alle krampfhaft versuchten Änderungen in ihrem Verhalten hat sie nun über Bord geworfen, die New Yorker Jen tritt massiv in den Vordergrund, und nun nimmt es gar nicht mehr Wunder, dass deren Eltern mit der Verbannung der Tochter nach Capeside diesen radikalen Schritt gegangen sind.
Grams Reaktion ist jedenfalls mehr als verständlich …
Solches Verhalten unter ihrem Dach kommt in Hinkunft nicht infrage, ist eine Beleidigung und grobe Missachtung ihrer Persönlichkeit und ihrer Wertvorstellungen.

Der Tisch ist wunderschön gedeckt; Mrs. McPhee begrüßt Pacey freundlich, entschuldigt ihren ältesten Sohn Tim mit dessen Faible für Kopfhörer, kündigt das baldige Erscheinen des Ehemanns an, legt ebenso zuvorkommend die Sitzordnung am Esstisch fest und entschwindet.
Hektisch stürzt Andie zur Türe herein und setzt zu Paceys Verwunderung und auch Misstrauen alles daran, ihre so gediegen wirkende Heimstätte so rasch als möglich wieder verlassen zu können.
Und dann, die schockierende Wahrheit; alles ist Tünche; die Wirklichkeit ist traurig und frustrierend …

EPISODE 2.06
„Tanz mit mir" „The Dance"

Joey, Andie, Pacey und Dawson hängen in Dawsons Zimmer herum. Das blonde Mädchen aus Rhode Island schwärmt begeistert vom bevorstehenden Schulfest, was die anderen so gar nicht nachvollziehen können, sehen diese sich doch im Allgemeinen lieber Dinge im TV an, als diese selbst zu tun. Andies Hinweis auf die erotischen Auswirkungen solcher Tanzveranstaltungen inspiriert jedoch nun auch die anderen und man beschließt, gemeinsam das Fest zu besuchen.

Joey berichtet ihrer Schwester von Jacks Kuss. Diese findet dies ungeheuer komisch, warnt jedoch energisch davor, Dawson etwas davon zu berichten und rät der jüngeren Schwester, sich stattdessen ganz auf jenen zu konzentrieren.

Jen und Abby lästern über Christie Livingstone und ihren Freund. Zweite plant nun für das Schulfest, das Pärchen auseinanderzubringen und sich selbst den Knaben zu schnappen.

Unverzüglich kommt es zu einer lautstarken Auseinandersetzung dieses Paares; Dawson und Joey kommen vorbei und nehmen sich vor, Beziehungsdramen niemals so unreif in der Öffentlichkeit austragen zu wollen. Erstmals sprechen die beiden nun über Sex und tragen sich mit dem Gedanken, Andies angekündigten erotischen Abenteuern im Anschluss an Tanzfeten durchaus positiv gegenüberstehen zu wollen, da kreuzen Jen und Abby ihren Weg. Eine abfällige Bemerkung der Intrigantin bewegt Joey zu dem Vorschlag, als Gruppe auf die Veranstaltung zu gehen und auch Jen mit einzuschließen.

Dawson gefällt dieses Ansinnen und Andie meint, man könne dann ja gleich auch ihren Bruder Jack mitnehmen und die beiden Singles miteinander verkuppeln, wovon Pacey jedoch gar nichts hält …

Zu Andies großer Enttäuschung gibt der Junge auch noch an, er würde und könne nicht tanzen …

Im Hause Leery eröffnen die Eltern ihrem Sohn, dass sie sich zu einer einstweiligen Trennung entschlossen haben. Dawson ist fassungslos, muss aber deren unwiderrufliche Entscheidung zur Kenntnis nehmen.

Mitch Leery verlässt endgültig sein Haus, findet in einem Motel seine neue Wohnstätte und lässt seine weinende Frau zurück.

Dawson beobachtet die Vorgänge, unterbricht das Stylen seines Outfits für das Schulfest und meint gegenüber der verzweifelten Mutter, er könne gerne daheimbleiben. Diese möchte dies jedoch nicht …

Der Junge solle sich doch lieber amüsieren …

In der Schule treffen nun alle Freunde zusammen. Alles scheint sich prächtig zu entwickeln, Dawson berichtet seiner Freundin von den neuen Entwicklungen daheim, kann aber den tristen Tatsachen doch etwas Positives abgewinnen, dass nämlich der berüchtigte Couchtisch nunmehr frei sei.

Andie bringt Jack und Jen dazu, miteinander zu tanzen. Auf Anhieb scheinen sich die beiden gut zu verstehen.

Letztlich möchte Andie aber auch, dass ihr Bruder seine Chefin Joey durch den Tanzsaal wirbelt. Beiden ist dies nicht recht; Joey macht Jack schwere Vorwürfe wegen des Kusses, Jack entschuldigt sich und nimmt alle Schuld auf sich, worauf das Mädchen das Weite sucht. Der Junge geht ihr jedoch nach und interpretiert ihr extrem wütendes Verhalten als Eingeständnis eigener Schuld, dass sie ihn nämlich nicht nur nicht von dem Kuss abgehalten, sondern diesen durchaus auch erwidert hätte.

Diese Diskussion bekommt nun Dawson direkt mit. Außer sich vor Zorn möchte er seine Freundin zur Rede stellen, doch diese weicht einem Gespräch aus und sucht in einem WC Zuflucht. So stellt der Wütende nunmehr Jack zur Rede. Dieser ist jedoch nicht bereit, sich zu entschuldigen und meint vielmehr, er würde Joey wieder küssen, was ihm von dem Betrogenen einen kräftigen Faustschlag und somit ein blaues Auge beschert.

Abby ist es tatsächlich gelungen, Christie den Freund auszuspannen. Einsam steht diese nun auf dem Schulgang und wird dort von Pacey beobachtet. Tröstend nähert sich der Junge der Blondine und wird von dieser zum Tanzen aufgefordert.

Andie begleitet Jen und ihren übel zugerichteten Bruder bis zum Schultor, da beide nachhause gehen wollen, da fällt ihr Blick auf den eng umschlungen mit Christie tanzenden Pacey und sie erstarrt ...

Wütend und enttäuscht verlässt Dawson das Schulgebäude; Joey läuft ihm nach und versucht, sich bei ihm zu entschuldigen. Lautstark für alle anderen hörbar, ergehen sich die beiden nun in ihrem eigenen Beziehungsstreit, wobei Joey letztlich meint, es gehe ja gar nicht um den dummen Kuss, sondern es gehe vielmehr nur um sie selbst.
Dawson reagiert mit Unverständnis und unversöhnlich.

Mitch kontaktiert Gale per Telefon ...
Diese fühlt sich in dem großen Haus einsam, doch der Ehemann meint, das Gebäude sei zwar groß, aber im Moment für sie beide zu klein. Später setzt er sich in sein Auto, fährt zu seinem Grundstück, beobachtet kurz seine Frau und sucht gleich wieder das Weite.

Jack begleitet Jen nachhause, gesteht seine Gefühle Joey gegenüber ein und meint, er hätte schon immer eine besondere Affinität zu hoffnungslosen Fällen gehabt. Letztlich bestärkt ihn Jen, er möge dies nicht aufgeben.

Enttäuscht steht Andie an der Hafenpromenade, wo sie von Pacey angesprochen wird. Der Junge erklärt dem Mädchen seine Gefühle gegenüber Christie, der Fantasiegestalt und entschuldigt sich für sein taktloses Verhalten. Andie verzeiht dem Jungen, was mit einem innigen, leidenschaftlichen Kuss und einem gemeinsamen Tanz unter Sternen besiegelt wird.

Dawson findet Joey in seinem Zimmer sitzend vor. Sein Zorn ist verraucht und er hinterfragt nun, was denn eigentlich passiert sei. Joey erklärt, dass es für sie nun, nachdem ihr Traum, Dawson zu bekommen, erfüllt worden sei, gar nichts mehr gäbe. Sie müsse etwas finden, was sie selbst definiere, was sie selbst glücklich und zufrieden mache, und dabei könne ihr Dawson nicht helfen. Der Junge sei etwas, was sie später haben wolle ...

Joey steht auf und geht zum Fenster. Beide erklären einander ihre Liebe, einmal noch nähern sich die beiden, doch das Mädchen wendet sich um und verlässt das Zimmer …

Sprachlos vor Enttäuschung und Schmerz verwüstet Dawson seine Räumlichkeit, steigt auf die Veranda hinaus, blickt der davoneilenden Joey noch ein paar Augenblicke nach und tritt gegen die Leiter, die daraufhin geräuschvoll zu Boden kracht.

REVIEW 2. 06

Alles beginnt so harmlos …

Andie, das Barbiepüppchen hat sich eingeschlichen und versucht, der anwesenden Belegschaft die Vorzüge von Schulfesten schmackhaft zu machen. Der erste hintergründige Seitenhieb geht auf die Fernsehzuseher los … ihr seht euch lieber etwas an, als es selbst zu tun?" „… so ist es!"

Beim Thema, Sex danach, werden nun alle hellhörig und plötzlich willig …

Für Dawson und Joey war die Sache ja bislang nicht so leicht, der vermeintliche Übergang von Freundschaft zur Liebe oft verwirrend, doch beide scheinen nun endgültig bereit für den nächsten so entscheidenden Schritt, wofür allerdings Joeys Tanzschuhe notwendig erscheinen.

Jener gefällt Jens Umgang mit Abby gar nicht, so ist es nur naheliegend, die New Yorkerin auf das Fest mitzunehmen und für diese und auch für Jack Schicksal zu spielen.

So ganz nebenbei, beim Treffen mit Pacey, verkündet dieser übrigens, er hätte sein Traummädchen schon gefunden, doch niemand, nicht einmal die eigene Schwester geht auf das Gesagte ein.

Obzwar beide, Jen wie Jack, spüren, dass sie offenbar verkuppelt werden sollen, entsteht sofort Sympathie zwischen den beiden. Auf dem Fest, aber auch später am Nachhauseweg, wird der erste Grundstein für die eigenwilligste, aber auch interessanteste und möglicherweise tiefste Beziehung von DC gelegt, was in 2.11 „Intrigieren ist ihr Hobby" eine würdige Fortsetzung findet ...

Die Tanzveranstaltung ist im Laufen, alles erscheint in positivem Licht, der Auszug des Vaters hat den Couchtisch freigemacht und es scheint, als würde dies für Dawson schon ausreichen, aus dem Schatten seines Erzeugers treten zu können.

Doch ist es nicht so; weiter denn je ist man davon entfernt ...

Und rasch ist die Katze aus dem Sack, der Betrug an ihm fliegt auf und urplötzlich reagiert er selbst so, wie er es seinem Vater eindringlich angekreidet hatte, unversöhnlich und verständnislos.

Doch auch Jacks Verhalten ist hochinteressant; zuerst gibt er sich Joey gegenüber als Schuldiger und ersucht um Vergebung. Jene reagiert in ihrer typischen Art überschießend und aggressiv, was Jack, den sensiblen und klugen Menschen zu der Annahme verleiten muss, sie würde sich durchaus auch schuldig fühlen. Gerade heraus spricht er sie nun darauf an „... das passt nicht ..." – Dawson hört mit und findet sich in der gleichen Lage wie sein eigener Vater vor.

Wie üblich weicht Joey einer Konfrontation mit dem Jungen aus und tritt die Flucht an; ein Verhalten, das im Zuge von DC noch öfters thematisiert wird (siehe z.B. 5.02) ...

Trotzdem weiß sie, dass sie Dawson eine Erklärung schuldet ...

Alle Träume sind für sie also in Erfüllung gegangen; sie fühlt sich ausgebrannt und leer, der Kampf um Dawson hat viel Energie gekostet.

Ein ähnliches Gefühl äußert ja Pacey zu Beginn der vierten Staffel, wo ja sein Traum, seinerseits Joey zu bekommen, in Erfüllung gegangen war ...

Wie schon in der vergangenen Episode angedeutet wird, hat das Mädchen nun nichts mehr, worauf sie hinarbeiten kann.

Es mag das Argument, etwas finden zu müssen, was sie selbst zufrieden stellt, ein wenig seltsam klingen, ist aber aus der herrschenden Situation des Stillstands in doppeltem Sinne gut verständlich.

In Folge 2.16 „Partys und andere Peinlichkeiten" wird sie ihre Intentionen weiter präzisieren: Sie müsse die Grenze zwischen ihrer und Dawsons Persönlichkeit finden, was aufgrund der beiden untrennbar miteinander verbundenen Lebenswege und der verschiedenartigen Rollen Dawsons in ihrem Leben auch nachvollziehbar ist.

War dieser doch bislang schon Bruderersatz, Vaterersatz, erster fester Freund und immer bester Freund …

Noch mehr; sie meint dort weiterhin, es käme ihr oftmals so vor, als hätte der Junge sie quasi erschaffen. – ein hochinteressanter Gedanke und Seitenhieb auf den kreativen Filmemacher Dawson …

In Episode 3.18 „Dicke Luft in Capeside" nimmt sich Pacey dieses Problems nochmals an, indem er Dawson gegenüber argumentiert „… du, bist der, der diese fantastische Welt schafft; uns andere lässt du nur darinnen leben …"

Am Ende steht nun in dieser ganz wichtigen Episode die reine, die pure Liebeserklärung, die in 2.18 „Perfekte Hochzeit" und in den Folgen danach erneuert, dann aber erst am Ende von 5.23 „Schwanengesang" nochmals in eindeutiger Form wiederholt wird.

Dawson ist also der Mensch, den Joey später haben möchte; eine Aussage, die etliche Deutungen provoziert, vieles offen lässt: Nach dem Finden der eigenständigen Persönlichkeit? Nach Erfahrungen mit anderen Partnern? Im Erwachsenenalter? Der Roman „Griff nach den Sternen" versucht übrigens auf diese Frage eine Antwort zu geben.

Im Augenblick jedenfalls benötigt sie Freiheit …

Großartig sind in jedem Fall diese zentralen und mitreißenden Sequenzen inszeniert, das Licht, die Kameraführung bestechen und die schauspielerischen Leistungen von Katie und James erreichen einen ersten großen Höhepunkt.

Andie und Pacey steigen jedenfalls als große Sieger vom Platz. Im Gegensatz zu Dawson ist Andie versöhnlich, sie mag Pacey sehr, begründet dies in ergreifenden Worten und verzeiht ihm seinen hormongesteuerten Fehltritt. Der Tanz unter freiem Himmel begründet eines der bemerkens- und liebenswertesten Paare in DC …

Mit dem Tritt gegen die Leiter verwehrt nun Dawson erstmals in seinem Leben Joey den Zutritt zu seiner Intimsphäre, zur immerwährenden Zufluchtsstätte vor den Bedrohungen einer feindseligen Umwelt und entfernt damit gewaltsam ein Faktotum von DC und seiner Beziehung zu Joey.

Zusätzlich wirft der Junge Joeys Kopfmodell zu Boden, jenes Symbol des ersten Übungskusses aus 1.01. Die Brücken sind nun also abgebrochen …

Erneut ändert sich nun alles und der Vorhang des ersten Akts von S 2 fällt …

EPISODE 2.07

„Die Prüfung" „The All-Nighter"

Gale Leery hat nun Joeys Platz bei Dawsons Filmabenden eingenommen. Gemeinsam beklagen Mutter und Sohn anhand von Filmtragödien ihre triste Lage als Verlassene, können der Sache jedoch positiv abgewinnen, dass man sich in tiefen Depressionen ergießen und guten Gewissens Jahresvorräte an Naschzeug in sich hineinstopfen könne.

Im Literaturkurs von Mr. Peterson, dem am meisten gefürchteten Lehrer an der Capeside High, steht eine große Prüfung an, was die Lehrkraft in bösartigen, sarkastischen und zynischen Worten ankündigt und eine nachmittägliche Vorbereitungsstunde anbietet.

Zwischen Dawson und Joey ist die Eiszeit ausgebrochen. Der Junge spricht kein Wort mit der ehemals besten Freundin. Diese möchte weiterhin mit Dawson kommunizieren, was dieser jedoch mit dem Hinweis, sie könne nicht alle Regeln bestimmen und sie solle doch mit dem nun erhaltenen Freiraum zufrieden sein, ablehnt.

Chris Wolfe, ein aus vermögendem Hause abstammender, weit über die Schulmauern hinaus bekannter Weiberheld und Mitschüler im Literaturkurs baggert unverhohlen Jen an, doch diese erscheint nicht sonderlich willig.

Wegen plötzlicher Erkrankung des Lehrers entfällt nun der Vorbereitungsunterricht und man beschließt, Chris' Angebot, bei ihm daheim eine umfangreiche Lernsession zu veranstalten, anzunehmen. Eingedenk der vielen Annehmlichkeiten und Ablenkungen im Hause Wolfe ist man zuerst allgemein recht skeptisch, willigt aber schließlich doch ein und wird vom Sohn des Hauses selbst zu dessen Villa chauffiert.

Nicht nur Jen, Andie und Pacey sind mit von der Partie, sondern auch Dawson und Joey, was der allgemeinen Stimmung nicht sehr zuträglich ist.

Im Hause Wolfe ist auch Chris' kleine Schwester Dinnah, ein halbwüchsiger, Brillen tragender Teenager, anwesend, die sofort ein Auge auf Dawson wirft.

Andie nimmt das Heft in die Hand und entwickelt ein genau abgestimmtes Lernprogramm. Die befürchteten Ablenkungen in der prächtigen Villa machen jedoch ihren Plan bald zunichte. Zufällig fällt den Freunden eine Zeitschrift aus Andies Schulunterlagen in die Hände, die jene schon in der Schule Pacey gezeigt hatte und in welcher sich ein Keuschheitstest befindet. Begeistert von der nächsten willkommenen Unterbrechung des Lernprogramms macht man sich also an die oft recht peinlichen und schlüpfrigen Fragen.

Die Anwesenden geben nun Andie die Testbögen zur Auswertung, nur Pacey sträubt sich …

Bald wird klar, dass die ablehnende Haltung des Jungen nur mit der einen Testfrage zu tun haben kann, die Sex mit einer doppelt so alten Person zum Thema hat.

Da nun alle endgültig wissen wollen, was es mit dem hartnäckigen Gerücht um Tamara Jacobs auf sich hätte, spricht man Pacey darauf an, was er denn auf die betreffende Frage geantwortet hätte und letztlich liegt die Wahrheit auf dem Tisch …

Andie ist entsetzt, hat sie doch in Pacey ein Musterbild an Keuschheit vermutet, und sie zieht sich tieftraurig zurück.

Dinnah hat die Testbögen an sich genommen und will Dawson eine ganz bestimmte Antwort Joeys zur Kenntnis bringen, wie oft jene nämlich schon verliebt gewesen wäre; dies koste den Jungen jedoch einen Kuss …

Entrüstet lehnt Dawson dieses Ansinnen ab. Trotzdem erfährt er zu seinem Schrecken, dass Joey sich bereits zwei Mal verliebt hätte.

Daraufhin versucht er, seine Exfreundin darauf anzusprechen, doch ist jene nicht gesprächsbereit und es kommt zur nächsten lautstarken Auseinandersetzung der beiden, die Dinnah belauscht. Dawson warnt daraufhin das junge Mädchen eindringlich, sich jeden Kuss genau zu überlegen, denn man könne nie wissen, welche Auswirkungen ein solcher haben könnte, was wiederum Joey mitbekommt. Enttäuscht und schluchzend entfernt sich das Teenie-Mädchen und Joey blickt ihren Exfreund verständnislos an.

Jene begibt sich tröstend zu dem weinenden Mädchen; gemeinsam prangern sie die Gemeinheiten der Jungs an, Dinnah meint schluchzend, nie erwachsen werden zu wollen, was Joey jedoch relativiert. Erwachsenwerden sei zwar nicht schön, aber es gäbe trotzdem ganz wunderbare Zeiten dabei …

Pacey gelingt es, Andie zu besänftigen, ersucht diese, ihn nicht vorschnell zu verurteilen, sie kenne ja die ganzen Umstände nicht. Außerdem meint der Junge in Zusammenhang mit dem Keuschheitstest, Sex wäre nie unschuldig, was das blonde Mädchen letztlich einsehen, und die erschreckende Tatsache, dass Pacey um so viel erfahrener sei, als sie selbst, zur Kenntnis nehmen muss.

In der Zwischenzeit sind sich Jen und Chris sehr nahe gekommen. Beide stellen unabhängig voneinander dem verwirrten Dawson gegenüber fest, dass sie beide gewisse Bedürfnisse und Wünsche hätten, welche sie sodann bei einem gemeinsamen Happening im Whirlpool und einer gemeinsamen Nacht auch ausleben.

Ohne auch nur annähernd das Lernziel erreicht zu haben, schlafen nun alle.

Schockiert über diese Tatsache, erwacht man des Morgens.

Pacey nimmt nun alles in die Hand, entwickelt ein Dreistundenintensivprogramm; alle arbeiten konzentriert und letztlich sitzt der Stoff.

Abschließend kühlt man sich gemeinsam im Pool des Hauses Wolfe ab.

Dawson möchte Joey sprechen; diese willigt ein. Der Junge gesteht dem Mädchen seine Gefühle für sie und meint letzten Endes, dass die Entscheidung, sie zu küssen, die Beste seines Lebens gewesen sei …

Jene erklärt daraufhin, sie hätte sich zwei Mal in Dawson verliebt, und ihre eigenen Empfindungen seien ebenso tief, wie die des Jungen, was letzten Endes auch die strittige Frage beim Keuschheitstest beantwortet.

Trotzdem benötige sie den Freiraum, den ihr Dawson nun ohne Einschränkungen und ohne Feindseligkeiten einräumt.

Der Junge tritt zur vermeintlich schlafenden Dinnah und küsst sie auf die Stirn, was das Mädchen voller Verzückung aufnimmt.

Die verliebte Andie ist letztlich stolz auf Pacey und dessen Organisationstalent und verzeiht ihrem Freund restlos dessen Affäre mit Tamara.

In die Schule zurückgekehrt, müssen die Freunde feststellen, dass die Prüfung wegen der weiterhin andauernden Krankheit des Mr. Peterson verschoben worden ist.

Stattdessen begeben sie sich nun in den Schulgarten, um gemeinsam das Schlafdefizit der vergangenen Stunden aufzuholen.

REVIEW 2.07

Der Prolog besticht mit einem jener „historischen" Gespräche Dawsons mit seiner Mutter, die in Staffel 5 und 6 in Qualität und Aussagekraft ihre absoluten Höhepunkte erreichen und aus DC nicht wegzudenken sind.

Ein Keuschheitstest klärt nun restlos eine noch offen gebliebene, für Pacey höchst unangenehme Frage: Was war nun tatsächlich mit Miss Jacobs ...

Eine ganz großartig gelöste Inszenierung eines heiklen Punktes, ohne dessen Aufarbeitung das alte Kapitel nicht abgeschlossen und das neue, Andie, niemals in dieser Qualität hätte beginnen können ...

Man mag argumentieren, dass viele der gestellten Fragen pervers, zum Teil unter der Gürtellinie angesiedelt sind.

Andererseits werden hier alle erdenklichen Formen der Sexualität angesprochen und hinterfragt, eine Tatsache, die in den zum Teil ein wenig puritanischen Ostküstenstaaten keineswegs selbstverständlich ist.

Wirklich wichtig sind jedoch nur zwei Fragestellungen; die handfeste für Pacey, die romantisch verträumte für Joey.

Jene hat ein gravierendes Problem mit Dawson. Der Junge schießt – verständlicherweise, aber unreif – kräftig über das Ziel, indem er alle Kommunikation mit dem Mädchen abbricht.

Dass dieser das unangenehm ist, ist ebenso verständlich, doch – was hätte sie anderes erwarten können ...

Dawson argumentiert nun mit Spielregeln einer Beziehung, die einzig und allein Joey festlegt.

Erstmals wird eine Eigenschaft des Mädchens offenbart, die sich mit der Zeit noch verstärken und in Folge 6.20 einen unrühmlichen und unangenehmen Höhepunkt erreicht.

Nach Joeys Willen haben also alle zu tanzen ...

Bei Dawson hat sie nun allerdings die Rechnung ohne den Wirt gemacht.

Schonungslos schreit er ihr ins Gesicht, dass sie sich derartige Vorgaben abschminken könne, dreht sich um und lässt das Mädchen stehen.

Eine ähnlich gelagerte Situation begegnet uns dann auch am Ende der zerstörerischen Episode 6.02 …

Dawson ist dickköpfig, das steht fest, das muss auch Joey längst wissen.

Sie hat nur keine Möglichkeit, darauf zu reagieren; ihre diesbezügliche Kompetenz ist schwach ausgeprägt.

Der Junge hat ein gebrochenes Herz …

Warum sollte er also ein anderes Verhalten an den Tag legen?

Oft wird von vielen Seiten her argumentiert, Dawson und Joey wären die Helden des schlechten Timings, oder es wären immer nur die äußeren Umstände daran schuld, dass die beiden nicht zusammenkommen könnten.

Bei näherer Betrachtung erscheint dies jedoch auf schwachen Beinen zu stehen. Der Vollmond mit Jacks Kuss wäre als äußerer Umstand viel zu billig; es ist hier sehr wohl Joeys eigenständiger Wille, einen Selbstfindungsprozess einzuleiten, der eine tiefere Beziehung nicht zulassen würde.

Und wieder stößt man auf die Episode 6.02 …

Da wird letzten Endes nicht mehr Dawsons Liebelei in LA als zerstörerischer Faktor thematisiert, sondern die alten Wunden, wie eben z.B. genau die, in den hier aktuellen Folgen behandelten.

Und das ist wohl nicht als äußerer Umstand zu werten …

Im Gegensatz zu Dawson verhält sich Pacey äußerst reif. Er weiß, dass für den Beginn einer neuen Beziehung die Ehrlichkeit an primärer Stelle zu stehen hat. So geht er nicht den leichten Weg und schummelt, er muss dieses mit etlichen Ecken und Kanten versehene Kapitel in seinem Leben endgültig abschließen. Das kann er jedoch nur, wenn er zu sich selbst, zu seiner Umwelt und zu seiner potenziellen neuen Freundin absolut ehrlich ist.

Und genau das ist der Umstand, der Andie – neben ihrer Verliebtheit – letztlich veranlasst, dem Jungen so schnell zu verzeihen und ihn einfach so zu akzeptieren, wie er ist, ist ihr ja zusätzlich das Verbergen dunkler Geheimnisse auch nicht ganz fremd.

Und auch Joey schummelt nicht …
Dank Dinnah, deren Story zwar niedlich, doch nicht wirklich maßgeblich für die einzelnen Plots erscheint, ist nun Dawson zur Wahrheitsfindung herausgefordert, muss nun die Kommunikation suchen, wie es Pacey geraten hat.
Was hätte Joey denn bloß damit gemeint, hatte sie doch immer postuliert, er wäre ihr einziges Sinnen und Trachten, ihr einziger Herzenswunsch gewesen.
Zwei Mal verliebt; zwei Mal verliebt in den Gleichen, zwei Mal verliebt in Dawson …
Zuerst verliebt in den besten Freund, ein zweites Mal nach dessen Kuss, der für sie den Jungen nun in einem ganz anderen Licht erstrahlen hatte lassen …
Diese Antwort erscheint glaubhaft und stellt Dawson einigermaßen zufrieden …

Jens Rückkehr zu ihren New Yorker Verhaltensmustern setzt sich munter fort.
Mit Chris Wolfe wird ein recht interessanter Charakter eingeführt, ein Junge aus begütertem Haus, ein Schürzenjäger, der aber nicht wirklich unangenehm oder arrogant wirkt.
Mit seinen Intentionen, den körperlichen Sehnsüchten, Wünschen oder Bedürfnissen nachgeben zu wollen, trifft er nun genau auf die Richtige.
Chris verrät Dawson seine Tricks, Jen ins Bett zu bringen. Jener ist ungläubig, vertraut auf das Verantwortungsbewusstsein seiner Exfreundin, muss aber letztlich sehen, dass es im Moment damit nicht weit her ist, spricht sie ja ihm gegenüber ebenso von ihren Bedürfnissen, die sie zufrieden gestellt haben möchte.
Unter dem Strich würden beide letztlich genau das tun, was sie beide wollen, nicht mehr und nicht weniger.
Diese nüchterne Feststellung sei angesichts des wenig Romantik ausstrahlenden morgendlichen Erwachens der beiden gestattet.
Wie im Keuschheitstest ging es lediglich um Sex, was die abschließende Frage aufwirft, was wohl sein würde, wenn die

diversen Umstände nicht regelmäßig eine Erweiterung der Beziehung von Dawson und Joey um die physische Ebene verhindert hätte.

Worauf als möglicher Ansatz wieder der Hinweis auf die Bruchlandung von 6.02 gegeben wäre …

EPISODE 2.08
„Helden" „The Reluctant Hero"

Auf Dawsons Zimmer analysieren dieser und Pacey ihre gänzlich unterschiedlichen Charaktere. Während Pacey seinen Freund als Helden und guten Samariter hochstilisiert, macht er sich selbst nieder, indem er sich als Müll und unnötigen Abfall bezeichnet, eine unterdurchschnittliche Mittelmäßigkeit, mit der er aber recht gut leben könne.

Jen torkelt völlig betrunken zum Fenster herein; Dawson meint, das sei nun schon das dritte Mal in dieser Woche.

Mit einem erneuten Hinweis auf Dawsons Samaritertum verlässt Pacey den Ort.

Mitch Leery packt nun endgültig seine Koffer und zieht aus. Er möchte jedoch Kontakt zum Sohn halten und bittet ihn, ihm bei den Übersiedelungstätigkeiten behilflich zu sein. Zudem macht er Dawson ein Freundschaftsangebot, das dieser jedoch brüsk ablehnt.

Gleichzeitig übergibt der Vater dem Sohn einen Brief, der irrtümlich in seiner Post gelandet war, ein Schreiben aus Boston, das dessen Sieg beim Filmfestival und eine Förderungssumme von 2500 Dollar für ein nächstes Projekt bekannt gibt. Außer sich vor Freude läuft der Junge zu Joey, teilt ihr diese so erfreuliche Neuigkeit mit und möchte gleich ein neues gemeinsames Projekt anregen. Doch Joey winkt ab; sie hat einfach keine Zeit. Sichtlich enttäuscht wendet sich Dawson ab.

In der Cafeteria trifft er auf Jen, die ihren Katzenjammer schon bewältigt hat und erzählt dieser von seinem Erfolg. Jene ist begeistert und möchte den Jungen auf ein einschlägiges Fest mitschleppen. Dieser jedoch ist bereits voll mit einem neuen Drehbuch beschäftigt.

Mr. Mylo, der Schülerberater, hat Pacey in sein Büro zitiert und teilt dem Jungen mit, dass dieser nun sogar bei einem Berufseignungstest durchgefallen und mit einem katastrophalen Notenschnitt auch sonst überall mehr als nur gefährdet sei.
    Der Junge berichtet dies verzweifelt Andie, bekräftigt deutlich sein Versagerimage, doch Andie hat dafür kein Verständnis. Der Freund müsse sein Bild von sich selbst gehörig überdenken …

Jack ersucht Joey, die nun ihre Mitschuld an dem Kuss eingesteht, für den kommenden Abend um eine Art Date, ein „Dat", wo die allgemeinen Verhaltensregeln selbst zu bestimmen sind. Das Mädchen ist einverstanden …

Wie versprochen hilft Dawson nun dem Vater, der sich redlich um eine sinnvolle Konversation bemüht. Letztlich berichtet der Sohn nur in kurzen Worten von den unerfreulichen Ereignissen der letzten Zeit und fordert eindringlich Mitchs Rolle als Vater ein. Dieser übergibt dem Jungen nun die Schlüssel zu den unfertigen und gänzlich kahlen Räumlichkeiten und bittet ihn, diese auch als sein Zuhause zu betrachten.

Der Junge eilt nun zu Joey und übergibt ihr die Hälfte des gewonnenen Preisgeldes, die sie sich als Produzentin seines „Ungeheuers" in dessen Augen durchaus redlich verdient hatte. Nach einigem Zögern nimmt die Brünette den Scheck an.
    Sie berichtet vom bevorstehenden Besuch eines Freundes, Dawson versteht, wendet sich um und trifft auf Jack …
    Dieser verbringt nun gemeinsam mit dem Mädchen einen schönen und romantischen Abend in freier Natur, wobei er Verständnis für Dawson und dessen Probleme mit Joey signalisiert. Er selbst wäre auch wütend, wenn er das bezaubernde Mädchen nicht behalten könne …

Andie und Pacey vereinbaren, im Hause Mc. Phee gemeinsam lernen zu wollen, wobei Andie für ihren Freund einen genauen Arbeitsplan erstellt.

Freundlich wird der Junge von Andies Mutter willkommen geheißen, doch alsbald meldet sich die Besitzerin eines kleinen Supermarktes mit der Aufforderung, man solle sich schleunigst um die verwirrte und heftig gestikulierend im Laden herumlaufende Mutter kümmern, sonst hole sie die Polizei.

An Ort und Stelle bemüht sich Andie erfolglos, die psychisch kranke Frau zum Heimgehen zu bewegen. Letztlich gelingt es jedoch Pacey in vernünftigen und freundlichen Worten das nahezu unmöglich Scheinende zu schaffen und die völlig Verwirrte zum Nachhausegehen zu bewegen.

Mit dem Hinweis, Pacey hätte sich und sein Image nunmehr selbst widerlegt, begeben sich die beiden auf Paceys Wunsch hin wieder zum Lernen.

Dawson entschließt sich nun doch, mit Jen und der Crew um Chris Wolfe mitzuziehen. Für Dawson ist die Fete gänzlich uninteressant, er amüsiert sich nicht und alsbald zieht Jen mit einer Gruppe von Jungs von dannen.

Der blonde Junge beobachtet die New Yorkerin genau …

Diese lässt sich erneut volllaufen und ist gerade dabei, sich den Jungs als willfährige Gespielin hinzugeben, da schreitet Dawson ein und schleppt das sich sträubende Mädchen aus dem Haus. Diese ist erbost, hätte sie angeblich doch wirklich Spaß gehabt. Doch bald ist dieser Zustand wie weggeblasen und Jen übergibt sich heftig.

Lallend erklärt sie dem Jungen, sie hätte sich redlich bemüht, so zu sein, so zu leben, wie er, und er möge sich mit ihr auseinandersetzen und sie eben so akzeptieren, wie sie tatsächlich ist.

Dawson meint, sie, Jen, sei etwas Besonderes, sonst würde sie sich nicht so schrecklich fühlen und geleitet die Betrunkene zur Behausung seines Dads, damit diese ohne Wissen der Großmutter ihren Rausch ausschlafen könne.

Kurz sprechen die beiden noch über Dawsons geplanten Liebesfilm und Jen ersucht den Freund eindringlich, das Verfassen eines Happy Ends zu unterlassen.

Jack hat Joey nachhause geleitet und die beiden vereinbaren, wiederum gemeinsam auszugehen.

Das Mädchen begibt sich nun zu Dawson, klettert zum Fenster hinein und findet dessen Zimmer verwaist vor. Gedankenverloren nimmt sie das Stofftier des „Weißen Hai" zur Hand, wendet dieses mit einem hintergründigen Lächeln, seufzt kurz auf und verlässt den Raum wieder.

REVIEW 2. 08

Helden, gute Samariter oder einfach nur Freunde – das ist hier die Frage …

Mit einer durchaus beeindruckenden Episode nimmt sich DC nun dieser Thematik an.

Ist schon im Prolog deutlich Paceys mindere Selbsteinschätzung zu beobachten, so ist er zumindest zu diesem Zeitpunkt noch ganz zufrieden damit. Dies ändert sich jedoch radikal mit Mr. Mylos herben Aussagen.

Pacey ist schulisch am Ende, ohne berufliche Perspektiven, ohne die reelle Chance, das Schuljahr positiv abzuschließen.

Das ganze Leben wird dem hochintelligenten Jungen ein Versagerimage angedichtet, die Familie hat ihn nicht gefördert, ihn immer abgelehnt, denn Doug ist der gute Sohn, was in 1. 12 „Die Entscheidung" ja direkt angesprochen wird.

Pacey ist a priori sicher nicht der Lerntyp, das prägende Image lässt ihn mit seinen Möglichkeiten, seinen Fähigkeiten anders umgehen, lenkt ihn anders …

Und das sieht Andie ganz genau; sie vertraut auf den Intellekt und die soziale Kompetenz ihres Freundes und braucht gar nicht viel zu tun, außer den Jungen darauf hinzuweisen, dass er die Ansicht über sich selbst ändern muss, und sie zeigt hiermit den so positiven Einfluss, den sie bereits auf Pacey besitzt.

Ist sie die Heldin des Jungen?

Nein, sie ist seine Freundin …

Umgekehrt besticht Pacey durch Vernunft, Gewandtheit und brillantem Hausverstand. Mit wenigen Worten gelingt es ihm, Andies psychisch kranke Mutter zur Raison zu bringen, eine Leistung, die nach Andies Worten spektakulär ist.

Pacey, der vermeintliche Versager, hat sich mit seiner Aktion selbst widerlegt …

Ist er Andies Held?

Nein, er ist ihr Freund …

Dawsons Lage ist eine wahrlich nicht besonders aufbauende.

Die Freundin ist weg, der Vater zieht endgültig aus, Jen sucht ihn regelmäßig betrunken heim, kotzt sein Zimmer voll und dann, ja dann erscheint der Silberstreif am Horizont. Er hat tatsächlich den Wettbewerb für Nachwuchsfilmer gewonnen.

Wie selbstverständlich, automatisiert läuft er zu Joey, ist von einem neuen gemeinsamen Projekt überzeugt und erhält einen herben Korb.

Fazit: Er stürzt sich alleine in dieses Projekt; möchte einen Liebesfilm drehen und bald wird offenkundig, dass er seine eigenen schmerzlichen Erlebnisse verfilmen will. Noch schwebt ihm vor, es könne (zumindest einmal im Film) gelingen, die verlorene Freundin zurückzugewinnen; Jen jedoch relativiert dies; bitte kein Happy End, es ist völlig unrealistisch und nicht dem wahren Leben entsprechend.

Dawson hilft nun dieser immer wieder aus der Patsche, lässt sie bei sich übernachten, ihre Räusche ausschlafen, begleitet sie auf eine Party, die ihm gar nichts gibt. Er passt auf sie auf, verhindert im letzten Moment das Äußerste.

Und die New Yorkerin gesteht, dass für sie die Lebensweise des Jungen ein Vorbild gewesen sei, dem sie unbedingt hätte nachkommen wollen. Allein, sie hat es nicht geschafft …

Nun ist das seltsame, sehr symbolträchtig im Rohbau befindliche Etablissement des Vaters die Rettung in höchster Bedrängnis …

„… hier, Tiger …" Dawson bringt der Betrunkenen letztlich nichts anderes als ein Glas Wasser, worauf ihn Jen zu ihrem Helden macht …

Doch dieser ist – nach eigenen Worten – auch nur ein Freund …

Das Thema Freundschaft ist überhaupt eines der zentralen Anliegen von DC und wird in allen Schattierungen der menschlichen Psyche beleuchtet; Heldentum wird abgelehnt; Zivilcourage jedoch hochgehalten …

Der Plot um Jack und Joey verdichtet sich. Ein Glanzlicht an Witz und Kreativität ist mit Sicherheit das Gespräch der beiden in der Cafeteria, wo das „Dat" vereinbart wird, das eben die Eigenschaft besitzen soll, keine üblichen Verhaltensregeln vorzugeben. Die will man sich selbst gestalten …
    Zu einem weiteren Highlight entwickelt sich das Gespräch der beiden beim nächtlichen Picknick und werkt emsig an einer weiteren Herausarbeitung von Jacks tiefgründigem Charakter.

EPISODE 2.09
„Die Wahl" „The Election"

Jen hat Dawsons Drehbuch gelesen und reagiert recht kritisch. Ihr erscheint der Teenagerfilm viel zu emotionsarm und viel zu sehr aus der Perspektive eines Erwachsenen geschrieben und sie bietet dem Freund an, ihn ein wenig in die reale Teenagerwelt zurückzuführen.

An der Capeside High stehen die Wahlen zu Schülermitverwaltung an. Andie entschließt sich, zu kandidieren und spricht Joey darauf an, ob jene mit ihrem fantastischen Notenschnitt nicht mitkandidieren wolle. Die Brünette verweist auf ihre triste Familiengeschichte und lehnt das Ansinnen des Mädchens aus Rhode Island kategorisch ab.
    Andie lässt sich jedoch dadurch nicht entmutigen und ernennt Pacey zu ihrem Wahlkampfleiter. Mitkandidat/innen zu der Wahl der Jahrgangsvertreter sind Abby und Chris, sowie Kenny Reeling.

Jack und Joey unterhalten sich im „Ice-House" miteinander. Joey möchte den Jungen ein wenig besser kennen lernen, doch dieser weicht bei persönlichen Fragen immer aus. Er bekniet nun Joey, sie möge trotz allem eine Kandidatur in Betracht ziehen, sie sei mit ihrer natürlichen Ausstrahlung einfach eine perfekte Führungsperson. Abby und Chris betreten das Lokal, das intrigante Mädchen lästert über Speisekarten und Bedienung und beleidigt Joey mit einem Schwall von Bösartigkeiten in Zusammenhang mit ihrer Familie.

Die Brünette schüttet daraufhin Abby einen Krug kalten Wassers über den Kopf und kündigt ihre Kandidatur an.

Jen will ihr Vorhaben Dawson gegenüber umsetzen und möchte den Jungen zum Schuleschwänzen, aber auch zum Mopsen eines Lippenstifts aus einem Supermarkt überreden, scheitert jedoch damit.

Mitch hilft Gale bei der Reparatur des Geschirrspülers, der sich daraufhin als Wasserwerfer präsentiert. Dieses amüsante Szenario nutzen die beiden zu einer sexuellen Begegnung, dessen ersten Akt Dawson überrascht und hocherfreut mitbekommt.

Abby und Chris setzen zu einer politischen Schlammschlacht an; Joey, Andie und Pacey lassen sich aber letzten Endes nicht von ihrem ursprünglichen Weg abbringen und konzentrieren sich ganz pragmatisch auf Sachthemen.

Bei einer Gegenüberstellung der Kandidaten zieht Abby über den Zustand von Andies Mutter und ihre maßgebliche Rolle bei Tims Unfalltod her. Andie bleiben daraufhin die Worte im Halse stecken; sie läuft davon und sperrt sich im WC ein, wo sie von Pacey gefunden und einigermaßen beruhigt wird.

Auch der zutiefst besorgte Jack ist auf der Suche nach seiner Schwester; Joey geht dem Jungen nach und bietet ihre Hilfe an. Jack jedoch ist nicht gesprächsbereit; brüsk weist er das Mädchen zurück.

Bestens gelaunt besucht Dawson seinen Vater und möchte wissen, was er denn von dem jüngsten Vorkommnis zu halten habe und ob er sich nun schon endlich mit seiner Ehefrau versöhnt hätte. Mitch muss dem Sohn jedoch erklären, es gäbe keine Versöhnung, es wäre nur ein Ausrutscher gewesen und man wäre in alte Verhaltensmuster zurückgekehrt, die sich längst als nicht mehr sinnvoll erwiesen hätten.

Verwirrt sucht der Junge nun Jen heim und zeigt sich plötzlich doch willig, selbst sein Verhalten zu ändern und ein wenig wie ein Teenager zu handeln.

Die beiden machen sich auf den Weg, um nun tatsächlich die „Sau rauszulassen". Zuerst hüllt Dawson Mr. Mylos Haus mit Toilettepapier ein, dann schlägt Jen vor, gemeinsam nackt baden zu gehen.

Nach einigem Zögern ist Dawson einverstanden. Spontan küsst er das Mädchen im Wasser. Jen wehrt diesen Annäherungsversuch jedoch ab; sie möchte sich die nun endlich erlangte echte Freundschaft zu dem Jungen nicht zerstören. Es gäbe allerdings viele Arten freundschaftlicher Beziehungen, so einigt man sich letztlich, über die für sie beide passende nachzudenken.

Die Wahl findet nun statt …

Die diversen Reden der Kandidat/innen werden über die Schullautsprecher ausgestrahlt. Abby zieht wieder alle Register ihrer Bösartigkeit; erneut reagiert Andie sprachlos und sucht das Weite.

In der Annahme, das Mikrofon sei nun abgeschaltet, definiert Abby nun zynisch ihren geplanten Stil, mit dem sie über die Schule herrschen will, hat jedoch die Rechnung ohne den Wirt gemacht, denn Pacey hat heimlich das Mikrofon eingeschaltet gelassen, sodass deren „nervendes Genäsel" überall in der Schule lautstark zu hören ist.

Letztlich gratuliert er Kenny zum Sieg …

Jack versucht die völlig verstörte Schwester ein wenig aufzubauen und rät dieser, wieder ihre Medikamente einzunehmen, was diese bei einem Telefongespräch mit Pacey schweren Herzens tut.

Ihr Bruder entschuldigt sich bei Joey wegen seines abweisenden Benehmens, meint, er könne es sich aufgrund seiner familiären Belastung nicht leisten, sich anderen Menschen zu öffnen. Aufgrund ihrer eigenen schlimmen Erlebnisse kann dies Joey gut nachvollziehen, denkt an Dawsons hilfreiche Rolle in der Zeit um den Tod ihrer Mutter und ergreift schweigend Jacks Hand.

Zuhause trifft Dawson auf seine Mutter, die gerade mit dem Hausputz beschäftigt ist, und muss zu seinem Schrecken erfahren, dass der Vater seiner Ehefrau die Scheidungspapiere hatte zustellen lassen.
Erneut läuft er verzweifelt zu Jen und weint sich in deren Armen aus.

REVIEW 2.09

Anhand der Schulpolitik nimmt diese Episode grundlegende politische Methoden aufs Korn.
Abby hat sich Chris geangelt; er ist bei den SchulkollegInnen beliebt und geachtet. Auf seinem Rücken will sie ihre Schmutzkampagne durchziehen und letztlich mit absoluter Macht regieren, was sie mit der Aussage, ein Sieg sei erst dann so richtig zum genießen, wenn man dazu über Leichen gehen muss, eindeutig bekräftigt.
Andie und Joey wiederum stehen für ehrliche Sachpolitik; sie wollen sich gegenseitig ergänzen; beide sind Spitzenschülerinnen, doch ihre düsteren Familiengeschichten holen sie ein. Andies psychischer Einbruch macht sie wehrlos und verletzlich, sodass ihre Chancen letztlich gleich null sind.
Sieger ist letzten Endes Kenny, der Streber, der jedoch einzig und allein von Abbys Schmutzkampagne gegenüber den vermeintlich schärfsten Konkurrentinnen, aber auch aus deren Unachtsamkeit und Paceys genialer Idee profitiert hat.
Die Charaktere und deren Methoden sind hervorragend gezeichnet und dem tatsächlichen politischen Realismus angepasst.

In der letzten Episode hat Jen Dawson dessen überzogene Moralvorstellungen vorgeworfen; er mache nicht rum, betrinke sich nicht, besuche keine wilden Partys …

Nun wird ihm dies indirekt zum Verhängnis. Sein Drehbuch ist nicht realistisch, passt nicht zum Teenagerleben.

Wie Joey gegenüber Jack argumentiert, sie hätte zu ihrer schwersten Zeit einen Freund gehabt, der unglaublich gewesen sei, so fällt jenem genau dies nun auf den Kopf und es werden die Auswirkungen seiner vielen Rollen, die er in puncto Joey einnehmen hatte müssen, offenbar:

Er hat Jahre seiner Teenagerzeit geopfert, ist, real gesehen, frühzeitig ins Erwachsenwerden geschlittert und produziert nun eben aus dieser Perspektive heraus einen Film.

Interessant, dass Joey in Folge 6.03 „Sturzflug" eine ähnliche Perspektive in Zusammenhang mit ihrer verirrten E-Mail angekreidet wird …

Der direkte Zusammenhang ist hier nicht zu übersehen.

So wie Dawson aus der Uferperspektive einen Film über seine Erlebnisse in einer emotional noch unreifen Beziehung mit dem Mädchen produziert, so tut diese dies in der erwähnten E-Mail, ihr erstes sexuelles Erlebnis mit dem Jungen betreffend.

Jen versucht nun, Dawson ein wenig Teenagererfahrung zukommen zu lassen.

Dass sie vorerst damit scheitern muss, ist klar. Spontansinnloses Schuleschwänzen kommt für den Jungen genauso wenig infrage, wie das Stehlen von Waren aus dem Supermarkt.

Die scheinbare und überraschende Annäherung seiner Eltern und das letztlich ernüchternde, widersprüchliche Ergebnis, das Mitch mit einer unsinnigen Rückkehr in alte Verhaltensmuster, nämlich Beziehungsprobleme mit dem Ausleben des Sexualtriebes zu überdecken, begründet, bringt jedoch die Wende.

Dawson erkennt nun seine offensichtliche Wahrnehmungsstörung und ist plötzlich bereit, eine gewisse dem Alter entsprechende Spontaneität an den Tag zu legen.

So niedlich die Idee, Mr. Mylos Haus mit Klopapier zu umwickeln auch sein mag, so genial ist das gemeinsame Nacktbaden mit Jen, wo die Dialoge vor Witz und Sinnlichkeit nur so sprühen.

Deren Nachdenken über die verschiedenartigen Möglichkeiten innerhalb einer Freundschaft wird sich dann in 5.18 um nichts weniger geistreich wiederholen …

Wie auch sein Vater, hat Dawson erkannt, dass er sein Verhalten ändern muss, um zu einem anderen Ergebnis zu kommen.

Inwieweit der radikale Einschnitt, das Zustellen der Scheidungspapiere an Gale jetzt eine sinnvolle Ultima Ratio sein könnte, sei dahingestellt, er ist aber ein weiterer guter und profunder Beweis für die genetische Prädisposition beider „Leery- Männer" hin zum „Schwarz-Weiß-Denken", jenes Muster, das Joey in der finalen Episode dieser Staffel einerseits als anziehend erachtet, andererseits aber wieder heftig kritisiert, fehlt doch jener lebensnotwendige Blick für die Grauzonen, für Alternativen, für Kompromisse, die zwar möglicherweise ein wenig schwammig sind, in gewissen Fällen aber ein durchaus vernünftiges Ziel erreichen lassen; ein Denkmuster, das übrigens Pacey meisterhaft beherrscht.

Fazit: eine tolle, eine vielfältige Episode …

EPISODE 2.10
„Der nackte Wahnsinn" „High Risk Behaviour"

Pacey und Dawson üben Dialoge aus dem neuen Drehbuch, die schwülstig und mit einer Unzahl an Fremdworten aus dem psychologischen Bereich ausgestattet sind.

Pacey kritisiert diese Umstände und wundert sich, dass die beiden Liebenden keinen Sex miteinander haben.

Genau dieser Verzicht ist für Dawson jedoch von extremer Wichtigkeit, dass nämlich beide ihren Begierden widerstehen.

Jen fungiert als Dawsons neue Produzentin; mit Akribie macht sie sich ans Werk und spricht Mitschüler/innen an, ob diese nicht an einem Casting teilnehmen wollten, wobei Autor und Produzentin unterschiedlicher Ansicht über den Typus der männlichen Hauptrolle sind.

Joey ist mit der Zeichnung eines männlichen Akts für den Kunstkurs beschäftigt, möchte diese aber dem gerade vorbeikommenden Dawson nicht zeigen und muss gleichzeitig erfahren, dass nun Jen die Rolle der Produzentin übernommen hat. Auf den Inhalt seines Filmes angesprochen, hält sich nun auch Dawson bedeckt …

Jack gegenüber präsentiert das Mädchen jedoch ihre Arbeit. Der Junge ist sichtlich angetan, lobt das Werk in höchsten Tönen und verschüttet dabei ungeschickterweise seinen Kakao, der sich nun über das ganze Blatt ergießt.

Zufrieden präsentiert Pacey seiner Freundin den negativen HIV-Test, den er an sich hatte durchführen lassen. Andie ist stolz auf den Jungen und gesteht, durchaus in absehbarer Zeit dessen physische Seite kennen lernen zu wollen.

Die beiden treffen nun im Drugstore aufeinander; Andie besorgt sich gerade ihre Psychopharmaka und wird dabei von ihrem Freund beobachtet. Darauf angesprochen, meint jene, die Medikamente seien für ihre Mutter bestimmt, die den gleichen Vornamen wie sie selbst führt.

Eingedenk einer vielleicht nun bald bevorstehenden körperlichen Annäherung, entschließt man sich zum Kauf von Kondomen.

Andie stellt fest, dass ihre Entjungferung eine große Sache wäre und sie stelle sich dafür einen romantischen und erinnerungswürdigen Rahmen vor.

Jen und Dawson leiden unter dem nervenden Casting. Keine der Kandidat/innen erfüllen auch nur halbwegs die Vorstellungen der beiden.

Nach gründlicher Überlegung sind nun auch Abby und Chris mit von der Partie; und sie überzeugen, kritisieren aber das unrealistische Drehbuch; wie auch Pacey meinen sie, die beiden Liebenden sollten unbedingt miteinander schlafen.

Jack plagt ein ganz schlechtes Gewissen und er bietet Joey an, nackt für sie zu posieren. Brüsk lehnt das Mädchen ab, muss sich aber letztlich den Argumenten des Jungen geschlagen geben.

In dieser Absicht besucht dieser nun tatsächlich Joey, beiden ist die Situation schrecklich unangenehm und peinlich; die Stimmung ist gespannt und förmlich. Schon nach kurzer Zeit fühlt sich die angehende Künstlerin außer Stande, weiterzuzeichnen. Eine ungeschickte Bewegung lässt nun das Tuch, das Jack um die Hüften trägt, zu Boden gleiten.

Zuerst ist Joey schockiert, hat sie doch noch nie einen völlig nackten Mann gesehen; dann jedoch löst sich die Spannung.

Jen und Dawson treffen aufeinander. Die New Yorkerin meint, Abby und Chris hätten mit ihrer Kritik am Drehbuch Recht. Der Junge verteidigt jedoch seine These der unschuldigen, reinen Liebe und des Verzichts bis aufs Messer, was nun Jen in eindringlichen Worten als völlig unrealistisch zurückweist. Glasklar führt sie dem jungen Filmemacher die verschiedenen Motive, die hinter Sex stehen können, vor Augen. Dieser wird nun sehr nachdenklich und meint ein wenig betrübt, es hätte im wirklichen Leben vielleicht doch ein anderes Mädchen, nämlich Jen selbst, bei ihm die Hauptrolle spielen sollen.

Pacey verbringt mit Andie ein romantisches Dinner bei Kerzenschein, geht mit ihr anschließend am Hafen spazieren und führt sie letzten Endes mit verbundenen Augen in eine kleine Pension. Das zierliche blonde Mädchen ist ganz aus dem Häuschen, wären doch genau das ihre Wünsche für ihr erstes Mal gewesen; doch plötzlich wird sie unsicher.

Pacey ist verständnisvoll; er drängt seine Freundin nicht, einmal sollen seine aufsässigen Hormone nicht siegen, ein Verhalten, das Andie nun erst recht antörnt …

Joey hinterfragt bei Jack, ob dieser denn schon einmal Sex hatte, was dieser bejaht: Einmal hätte er schon mit einem Mädchen geschlafen; es hätte aber große Angst bei ihm ausgelöst …

Daraufhin möchte die ebenso ängstliche wie unsichere Joey wissen, welches Gefühl denn das beim Sex so sei, und der Junge könne dies ja wie ein Bild beschreiben.

In großen, bunten und eindringlichen Worten erklärt jener nun der immer verzückter werdenden Joey die Vielzahl an verschiedenartigen Gefühlen; das Telefon stört die erre-

gende Stimmung, das Mädchen verlässt ihren Platz und ihr Blick fällt auf Jacks untere Hälfte, welche die beschriebene Stimmungslage eindeutig widerspiegelt. Der Schock bei beiden ist groß ...
 Letztlich überwinden die beiden ihre Angst, umarmen und küssen einander immer leidenschaftlicher ...

Dawson sitzt zu nachtschlafener Zeit an seinem Laptop; anscheinend hat er nun endlich ein brauchbares Ende seiner Story gefunden, er schließt das Gerät, verlässt das Haus, steigt durch das Fenster bei Jen ein und bittet die bereits Schlafende, nicht nach seinem Motiv zu fragen ...
 Und auch die beiden beginnen sich leidenschaftlich zu küssen ...

Pacey verlässt mit Andie die Pension; sie treten durch das Gartentor, blicken einander schweigend und lächelnd an und nehmen einander bei der Hand. Einträchtig marschieren sie nun die dunkle Straße entlang.

REVIEW 2.10

Was für eine Episode ...
 Sie sprüht über vor Sinnlichkeit und erotischem Knistern, was schon im Prolog auf primär erschreckende Weise angedeutet wird.
 Dawsons Dialog mit Pacey, die seltsam und viel zu geschwollen formulierten Sätze bedingen einen Kuss; langsam beugt sich Dawson hin zu seinem Freund. Im letzten Moment weicht er aus, wendet sich dem Skript zu und stellt einen Fehler seines Gesprächspartners fest.

Genial wird nun sukzessive die knisternde Spannung aufgebaut. Die Sexualität tritt aus dem Subtext heraus; Reden wird zur erogenen Zone, eine geniale Phrase, die allerdings erst in 5.21 „Im Dunkel der Nacht" von der Filmkritikerin Amy Lloyd kreiert wird.

Pacey hat einen HIV-Test machen lassen. Das Verantwortungsbewusstsein des Jungen gefällt Andie. Mit der Zeit fühlt sie sich bereit, ihre Beziehung physisch zu vertiefen, doch Pacey wehrt vorerst ab; er hätte den Test eigentlich für sich selbst durchführen lassen. Andie ist enttäuscht; findet sie der Junge offenbar nicht attraktiv genug. Doch gleich wird die Sache relativiert; natürlich würde der Junge gerne, am besten jeden Tag, doch man solle nichts überstürzen …

In diesen Plot ist nun eine Unwahrheit verpackt.

Die Medikamente, die Andie im Drugstore besorgt, sind natürlich nicht für die Mutter gedacht. Und Pacey lobt die Freundin auch noch, was für eine gute Tochter jene doch sei.

Letztlich siegt jedoch der Gag in dieser Szene; woher wollen die Produzenten der Kondome wissen, was das besondere Wohlbefinden der Frau steigert …

Andie hat durchaus romantische Vorstellungen, was ihr erstes Mal betrifft und Pacey plant demnach minutiös und genau, all dies gehört zu seinem „teuflischen Plan" …

Was ist in diesem Plot nun wirklich passiert? Das lockere, händchenhaltende Dahinspazieren lässt zwar etliches erahnen, aber keineswegs mehr …

Jen ist also nun Dawsons Produzentin; mit Argusaugen schielt Joey nun auf diesen Umstand. Immer wieder spürt man, wie gerne das brünette Mädchen an deren Stelle wäre, doch sie kann sich und ihren Intentionen nicht untreu werden.

So gibt sie sich den im Kunstunterricht geforderten Aktzeichnungen hin.

Besonders witzig ist in dem Zusammenhang deren Aussage, sie hätte im Unterricht angesichts des männlichen Modells ein halbes Dutzend Bleistifte zerbissen.

Jack erweist sich wieder einmal als ein Musterbeispiel an Geschicklichkeit; das Bild, die fast fertige Zeichnung ist unwiederbringlich zerstört. So entschließt sich der Junge, nun selbst Modell stehen zu wollen.

Die Szenen im Hause Potter entwickeln sich nun zu einem erotischen Krimi der außergewöhnlichen Art, wobei Joeys unterschiedliche Reaktionen auf die schrittweisen unabsichtlichen Entblätterungen Jacks bemerkenswert sind.

Das Ganze gipfelt in einer bildhaften Beschreibung der Gefühle beim Sex; großartig Joeys Mimik hin zur äußersten Verzückung; Monet, van Gogh werden zitiert. Die Sinnlichkeit erreicht ihren Höhepunkt …
Was Joey allerdings nun zu Gesicht bekommt, ist nicht so ganz zum Geschmack der beiden. Jack hat sich offenbar ein wenig zu sehr in seine Schilderungen hineingesteigert …
Trotzdem will es nun die neugierige Joey wissen; sie gibt sich keineswegs lasziv, sondern ganz natürlich. Mit Jacks Aussage, zwei ängstliche Wesen würden einander aufheben, ist der Bann gebrochen …
Was letztlich wirklich geschehen ist, bleibt auch hier unbekannt und der Fantasie der Zuseher überlassen.

Der dritte Plot betrifft Dawson und Jen …
Und auch hier ist das beherrschende Thema Sex.
Warum treiben es die beiden Liebenden in Dawsons Film nicht miteinander?
Weder Pacey noch Jen, noch Abby, noch Chris verstehen Dawsons restriktive Haltung.
Da nimmt die erfahrene New Yorkerin einen neuen Anlauf. Behutsam und gleichzeitig eindringlich klärt sie den jungen Filmemacher auf, die Motive machen Sex so interessant.
All das, was Dawson in diesem Zusammenhang schreibt, sei unrealistisch, entspricht nicht dem wahren Leben. Irgendwann haben alle Paare Sex …
Man erkennt zwar nicht, was der Filmemacher nun in seinem Drehbuch geändert hat, er scheint jedenfalls Gewichtiges umgeschrieben zu haben.
Ist es der Umstand der gewonnenen Einsicht, die ihm Jen vermittelt hat, oder ist es der Gedanke an die falsche Rolle, die diese womöglich bisher in seinem Leben gespielt hat, die ihn nun veranlasst, das blonde Mädchen heimzusuchen?
Mit der Bitte, nicht nach dem Motiv zu fragen, steigt auch hier die sinnliche Leidenschaft, doch, wie überall anders auch, bleibt alles offen.

Ein großartiger erotischer Krimi wurde aufgebaut, hat sich exzessiv gesteigert; die Lösungen werden auf die kommende Folge vertagt …

EPISODE 2.11
„Intrigieren ist ihr Hobby" „Sex, She Wrote"

Diese Episode schließt unmittelbar an die vorhergegangene an …

Alle drei Paare gehen auseinander. Dawson klettert aus Jens Fenster; diese blickt dem Jungen indifferent nach; Jack zieht von dannen; unsicher blickt Joey hinterher; einzig Pacey lächelt milde …

Schauplatz: Capeside Highschool …

Anhand eines Filmklassikers präsentiert und analysiert Dawson auf hochdramatische und kreative Art und Weise das Genre „Mystery", was ihm Mr. Petersons Anerkennung und von den Teilnehmern am Literaturkurs Applaus einbringt. Abby soll nun ihren Beitrag dazu einbringen, doch ist diese unvorbereitet. So droht ihr also die Zeugnisnote 6 …

Chris findet einen auf dem Boden liegenden Zettel vor, welcher konkrete Hinweise auf sexuelle Betätigung eines Mitschülers mit einer Mitschülerin gibt.

Sofort zeigt er Abby das Schreiben; diese möchte, inspiriert von Dawsons Präsentation, ihre schlechte Note durch eine filmische Aufklärung dieses Mysteriums ausmerzen. Chris soll dabei die Kamera bedienen.

Abby macht ihre Sache gut; in ihren Augen kommen nur drei Paare, Joey und Jack, Jen und Dawson sowie Pacey und Andie infrage …

Mit allen nur erdenklichen Tricks stellt sie den Betreffenden verbale Fallen, doch die ganze Sache wird immer undurchsichtiger.

In der Cafeteria kommen diese Paare nun zusammen und verhalten sich untereinander höchst merkwürdig und ausweichend.

Dawson allerdings erklärt Jen, er hätte nach ihrem letzten Gespräch nun doch das Drehbuch umgeschrieben. Die männliche Hauptrolle schlafe nun mit der attraktiven Nachbarstochter aus New York, was die Blondine zu der Frage bewegt, ob der Junge denn das letzte Gespräch oder die letzte Begegnung als Basis für seinen Sinneswandel herangezogen hätte.

Andie möchte sich Pacey zärtlich nähern, doch dieser zeigt sich abweisend und bedrückt, er muss dringend lernen. Aufklärung über die Note, die er auf einen Geschichtetest erhalten hat, verweigert er seiner Freundin.

Joey hat ihre Zeichnung des nackten Mannes fertig gestellt, zeigt diese Jack, welcher das Blatt späterhin als Erinnerung an den denkwürdigen Abend haben möchte. Vor dem Schultor trifft das braunhaarige Mädchen auf Dawson. Anhaltendes Regenwetter gebietet ihnen Einhalt. Der Junge möchte die Zeichnung sehen, doch Joey weicht aus und hinterfragt ihrerseits die Fortschritte bei seinem Film.

Nun muss der Filmemacher Farbe bekennen: Er sei auf der Suche nach der Hauptdarstellerin, eine wie sie, Joey, suche er …

Diese ist daraufhin höchst irritiert und möchte das Drehbuch lesen, vermutet sie möglichen Rufmord darin. Dawson ist entsetzt, niemals würde er Verletzendes über das Mädchen verfassen.

Unbeirrt setzt Abby ihren Weg fort, sammelt Schriftproben der Betreffenden, setzt böse Gerüchte in die Welt, streut allerorts Argwohn.

Andie gegenüber verbreitet sie, Pacey wäre mit ihrer sexuellen Leistung nicht zufrieden gewesen, was diese zum Ausrasten bringt. Erbost stellt sie ihren Freund zur Rede und unterstellt ihm, intime Geheimnisse ausgeplaudert zu haben, was diesen nun veranlasst, unter den gegebenen Umständen gar nichts mehr sagen zu wollen.

Chris spielt Joey Dawsons neue Drehbuchfassung zu. Gleichzeitig entdeckt er gemeinsam mit Abby das Bild vom nackten Mann, das die Künstlerin unvorsichtigerweise auf ihrem Platz vergessen hat.

Auf der im Festsaal der Schule stattfindenden Buchausstellung geraten nun Joey und Jen aneinander. Die blonde New Yorkerin entdeckt in Joeys Schulranzen das Drehbuch und möchte wissen, ob es der Brünetten zusage. Diese argumentiert, es gefalle ihr nicht wirklich und möchte gleichzeitig wissen, welche Teile dieses Werkes nun tatsächlich autobiografisch seien.

Abby besucht Dawson, konfrontiert ihn mit dem Bild des nackten Jack und provoziert den jungen Filmemacher mit allerhand Bösartigkeiten bezüglich seines nun offensichtlich nicht mehr vorhandenen Stellenwerts bei Joey.

Wütend verweist der Junge das unerträgliche Wesen seines Zimmers.

Mittels eines Einladungskärtchens zitiert die Intrigantin nun alle Beteiligten in einen Klassenraum der Schule.

Sie verliest das ominöse Schreiben und stellt zynisch ihre Mutmaßungen in den Raum: Dawson würde nie mit Jen schlafen und sich stattdessen für Joey oder für sein Alter aufsparen; Jen würde niemals Sex mit Dawson haben, weil ihr an dem Jungen wirklich etwas läge; sodann stellt sie Joeys und Jacks gemeinsamen künstlerischen Trip in den Raum …

Daraufhin platzt Dawson der Kragen; es kommt zu einem Schreiduell zwischen ihm und Joey. Gegenseitig bezichtigen sich die beiden, jeweils mit Jack und Jen in Unkeuschheit geübt zu haben.

Beide möchten nun endlich die Wahrheit wissen …
Im selben Augenblick antworten sie mit – Ja …
Nach Sekunden betretenen Schweigens wird dies jedoch von Jack und Jen entschieden dementiert.

Letztlich hat Pacey die Zeilen verfasst; Andie ist unklar, was der Junge mit dem Statement, für ein nächstes Mal solle man sich ein wenig Zeit lassen, aussagen hätte wollen. Im Raume bleibt letztlich stehen, dass er zwar mit ihr schliefe, sie aber nicht liebe …

Sodann wird Jen aktiv. Wütend erklärt sie Abby, welch intrigante und grausame miese Ratte sie doch sei, worauf diese betreten schweigt.

Jene rehabilitiert sich sodann in Mr. Petersons Kurs, indem sie die peinliche Filmdokumentation nicht präsentiert und stattdessen eine endgültige 6 in Kauf nimmt.

Später, in Andies PKW klärt sich die Sache jedoch auf. Der Junge hatte auf den Test seine erste 1 bekommen, was dessen Weltbild völlig verändert hat. Er hätte nun Angst vor den unabsehbaren Auswirkungen, aber auch vor der Intensität seiner neuen Beziehung, was letztlich aber auch für das zierliche blonde Mädchen gilt.
Mit der gegenseitigen Liebeserklärung ist die Versöhnung vollzogen.

Jack verweilt noch alleine in dem Raum des unheiligen Geschehens, da gesellt sich Jen hinzu. Beide diskutieren betrübt Dawsons ungebrochen hohen Stellenwert bei Joey und Jack bedauert die Tatsache, immer nur zweite Geige spielen zu dürfen. Jen hinterfragt, warum er denn eigentlich mit Joey keinen Sex hatte. Nach langem Zögern beichtet er der New Yorkerin unter dem Siegel der tiefsten Verschwiegenheit, er hätte erektile Disfunktionen gehabt ...

Auf dem Schulgang treffen Dawson und Joey zusammen. Dawson will wissen, warum sie beide es bei harmlosen Küssen belassen hatten, was Joey mit unpassenden Partnern zu erklären versucht.
Beide treten in den Regen hinaus; Dawson möchte Klarheit darüber, warum Joey die prekäre Frage mit Ja beantwortet hätte, worauf ihm diese mitteilt, dies sei aus dem gleichen Grund geschehen, aus welchem der Junge Ja gesagt hätte.
Beide möchten nun ihrer beider Freundschaft langsam und stetig wieder aufleben lassen.
Schützend breitet Dawson seine Jacke über sich und das Mädchen; gemeinsam macht man sich auf den Heimweg.

REVIEW 2.11

Die Spannung und Dramatik, die sich im Kriminalfall der letzten Episode aufgebaut hat, steigert sich in gewaltigen und ausdrucksstarken Szenen nun nochmals.

Die Erotik, Leidenschaft und Sinnlichkeit ist allerdings hier durch Intrigen und kreatives kriminalistisches Handeln ersetzt, was aber der herausragenden Qualität dieser Episode keinen Abbruch tut.

Abbys Aktivitäten in DC scheinen nun auf dem Höhepunkt zu sein.

Die Mittel, die das Mädchen anwendet, sind ebenso fies, wie genial.

Obwohl diese einen „Antityp" darstellt, ist sie ebenso wie Drue Valentine in S 4 aus der Serie im Moment nicht wegzudenken.

Brutal deckt sie Wahrheiten, Halbwahrheiten und schlüpfrige Geheimnisse auf und bringt alle Beteiligten letztlich dazu, ehrlich miteinander zu kommunizieren, was ihr letzten Endes hoch anzurechnen ist.

Und wie schon bei der Kandidatur zur Schülervertretung, ist Chris Wolfe der „geile Bock", der sich unterwürfig als Mitläufer für die ganze Aktion zur Verfügung stellt, hat er ja in Aussicht, seine „Chefin" an unkeuschen Stellen berühren zu dürfen.

Dramaturgisch gestaltet ist nun die spannungsgeladene Auflösung des „Mysteriums" durch eine rasche Abfolge relativ kurzer Szenensequenzen, eingehüllt in eine Periode schlechten Wetters mit Blitz, Donner, dräuenden Wolkentürmen und andauerndem Regen.

Dawson und Joey sind jedenfalls in Panik; lautstark schreien sie sich ihren Frust von der Seele. Die Angst, der jeweils andere hätte mit dem jeweiligen Partner Sex gehabt, steuert die Emotionen.

Beide bekräftigen dies mit einem Donnerschlag.

Warum, möchte Dawson wissen, warum hast du, Joey, so reagiert.

Die Antwort liegt auf der Hand …
… Das musst du selbst am besten wissen …

Nun, warum wirklich …
In S 5 (5.10) ist kurzfristig die Rede von Versprechungen, welche die beiden sich in früher Jugend gemacht hätten, dass nämlich beider erstes Mal gemeinsam stattfinden solle.
Dieses Denken dürfte beide beherrschen, und man wird automatisch zur Pilotfolge zurückgeführt, und auch die späterhin oftmals strapazierte Mär von den „Helden des schlechten Timings" wird geschürt: („… ich will nicht, dass du meine Hand hältst, ich will aber auch nicht, dass du eine andere hältst …")
Dieses Muster wird nun massiv auf eine andere Ebene gebracht: „… ich will mit dir keinen Sex, will aber schon gar nicht, dass du ihn anderwärtig praktizierst …"
Beide, Dawson wie Joey, hemmen einander nunmehr in ihrer Entfaltung; als Überich, als Schatten schwebt der jeweils andere darüber.
Dieses höchst problematische Denkmodell wird dann erst in Staffel 4 einigermaßen, ansatzweise gelöst, wo letztlich beide Protagonisten in einem mühevollen Prozess jeweils Partner des anderen akzeptieren lernen müssen.

Natürlich erkennen Jen und Jack aus diesen dramatischen Ereignissen, dass sie beide letztlich auf verlorenem Posten stehen müssen: Jen bringt das auf den Punkt: „… wenn Dawson Leery schon durch mein Fenster klettert, dann soll er dies schon wegen mir tun …"
Eine ernüchternde Feststellung, die aber schlussendlich der Wahrheit entspricht …
Trotz dieser grausamen Erkenntnis wird in dieser Szene der Wahrheit jene Vertrauensbasis zwischen Jen und Jack hergestellt, die in weiterer Folge auch zu einer Basis für ganz DC wird.
Und auch Abby streut ein paar Körnchen nach: „… ein trauriges Schicksal erfüllt sich mit den falschen Partnern … Chris, halt drauf …"

Dass nun Dawson letztlich die Initiative ergreift und dem Mädchen wieder schrittweise die Rückkehr zu jener Freundschaft zusichert, die ihrer würdig ist, erscheint auf den ersten Blick nun ein wenig merkwürdig, aber auch gefährlich.

Kein anderer Partner oder fixer Freund bzw. feste Freundin kann momentan mit einer derartigen Vorgabe leben.

Der Beweis dafür wird folgen, doch wird er sich anders gestalten, als man es annehmen sollte.

Pacey ist völlig verwirrt. Die 1, seine erste 1, die er jemals erhalten hatte, bringt ihn völlig durcheinander. Seine Mittelmäßigkeit, sein Durchschummeln war für ihn immer eine absehbare Tatsache, und jetzt kämpft er sich zu seiner ersten Spitzennote durch, erkennt, wozu er mit dem nötigen Einsatz fähig ist und doch hat er im Hinterkopf Angst, dass dieses unglaubliche Kartenhaus zusammenbrechen könnte. Denn das ist Pacey nicht; er ist nicht der Strebsame, konsequent Büffelnde …

Viel zu schnell könnte sich das Blatt wieder wenden …

Er weiß – alles liegt an Andies Einfluss; er hat sich unsterblich verliebt; nicht auszudenken, wenn das einmal zu Ende wäre.

Großartig die Ehrlichkeit, mit der die beiden miteinander in der so wunderbaren Szene in Andies Auto umgehen. Paceys Angst ist völlig nachvollziehbar; bei Andie jedoch kann man die tieferen Hintergründe hierfür vorderhand nur erahnen.

Zu einem weiteren Klassiker ist die finale Szene geworden. Dawson breitet schützend seine Jacke über Joey aus. Mit ihm an ihrer Seite, wird sie auch im schlimmsten Regen nicht nass, muss nicht laufen, es reicht das Gehen im Gleichschritt.

Sie hemmen einander, sie brauchen einander, sie lieben einander – ein weiterer Mosaikstein zum Grundaxiom von DC, das eine weitere faszinierende Episode würdig beschließt.

EPISODE 2.12

„Ganz unten" „Uncharted Waters"

Ein gemeinsamer Vater-Sohn-Angelausflug steht vor der Türe. Pacey wie auch Dawson sind in diesem Zusammenhang von einem bevorstehenden Desaster überzeugt. Um sicherzugehen, lassen sie die Dartpfeile Schicksal spielen.

John Witter begegnet seinem Sohn, der gerade mit Dawson unterwegs ist. Er bewundert den talentierten blonden Jungen und lässt ihn dies auch merkbar spüren. Für seinen eigenen Sohn hat er jedoch nur hämische Worte übrig.

Dawson erzählt Joey, wie bewundernswert professionell Jen ihrer Tätigkeit als Produzentin nachkommt, was diese ein wenig indigniert zur Kenntnis nimmt, da erscheint die Hochgelobte höchst selbst und bittet Joey, an einer Filmdokumentation von Gale Leery über die Ängste und Perspektiven weiblicher Teenager teilzunehmen. Jen soll Dawsons Mutter dabei assistieren, damit sie ein wenig über das Handwerkszeug des Filmemachens lernen könne. Nach einigem Zögern sagt die nun noch umso mehr indignierte Joey zu.

Die männliche Belegschaft trifft sich nun auf einer Hochseejacht ...
    Zu Dawsons Entsetzen erscheint nun auch Jack. Pacey hatte den Jungen aus Mitleid eingeladen, kenne dieser ja noch kaum jemanden in Capeside.
    Dem entsprechend ist nun die allgemeine Stimmung, doch Jack handelt mit großer Übersicht und nach und nach gelingt es ihm, zu seinem Konkurrenten zumindest eine Art Gesprächsbasis herzustellen.
    John Witter kehrt den Kapitän und großen Zampano hervor. Wo immer möglich erniedrigt er Pacey, schiebt ihm die Basisarbeiten zu; Widerspruch duldet er nicht ...
    Dawson macht dem genervten Freund wegen Jack Vorwürfe, doch diesem ist das ziemlich egal, hat er doch seine eigenen existenziellen Probleme mit seinem Vater.

Im Hause Leery haben sich Andie, Abby, Jen und Joey eingefunden. Die Interviews sollen beginnen, doch keines der Mädchen hat etwas zu sagen. Mit Junkfood soll nun die Stimmung aufgelockert werden, doch immer noch scheint sich die ganze Angelegenheit nicht besonders erfolgreich zu entwickeln. Abby hat nun die Idee, Dawsons Zimmer zu erforschen. Nach einigem Zögern sind auch alle anderen Mädchen dabei, entdecken einen Sexfilm bei Dawsons Videos und haben letztlich jede Menge Spaß dabei. Sie werden jedoch von Gale ertappt und müssen das Feld räumen.

In einem ernsten Gespräch wirft Joey ihrer Kontrahentin Jen vor, diese würde sich schrittweise als Ersatz für sie in Dawsons Leben drängen und verfolge kein anderes Ziel, als den Jungen zurückerobern zu wollen.

Die Mädels sind nun lockerer geworden und zeigen sich gesprächsbereit. Abby präsentiert sich erneut als Musterbild einer Maulhure und wird recht bald nach draußen verbannt. Die verbleibenden Mädchen berichten nun ehrlich von ihren Problemen und Perspektiven.

Unverrichteter Dinge ist man von hoher See in den Hafen zurückgekehrt. Die Männlichkeit versucht sich in einer Hafenkneipe zu vergnügen. Erneut kommt es zu einem Zwist zwischen Dawson und Pacey bezüglich ihrer Väter. Und auch Jack mengt sich ein; Pacey könne der Ikone Dawson nie entsprechen.

In einem Gespräch mit seinem Vater bekundet der blonde Junge nun seine echte Sorge um dessen finanzielles Wohlergehen. Dieser meint daraufhin, er sei weiterhin auf der Suche nach einem Beruf, einer Berufung, die ihn zu einhundert Prozent einnehmen, in der er so richtig aufgehen könne.

Jack liegt seekrank auf der Jacht; Dawson kommt hinzu …

Der Junge aus Rhode Island schildert seinem Widersacher die eigenen Probleme mit dem Vater, der sich nach Providence abgesetzt und die ohnehin schwer belastete Familie im Stich gelassen hat.

John Witter ist schwer betrunken und fordert seinen Sohn beim Dartspiel heraus. Dabei verhält sich der Vater derart feindselig, dass ihn Pacey bewusst gewinnen lässt. Später führt der Junge den Betrunkenen aus der Kneipe, legt ihn auf den Boden und beginnt, ein Zwiegespräch mit dem Schlafenden zu führen. Weinend ersucht er den im alkoholischen Tiefschaf Befindlichen um ein wenig Respekt und Zuwendung …

In Capeside ist der Morgen hereingebrochen. Andie bemerkt, dass Abby die ganze Nacht draußen im Freien verbracht hatte.
 Die zierliche Blonde spricht Abby auf deren so unmögliches Verhalten an. Darauf kritisiert das Mädchen die unerträgliche Langeweile Capesides und des geschiedenen Elternhauses. Deshalb müsse sie, Abby, für die notwendige Bewegung sorgen. Andie kontert, jene solle sich glücklich schätzen, daheim kein totales Chaos zu haben.
 Abbys Mutter erscheint mit dem Wagen, um die Tochter abzuholen. Diese bietet Andie nun eine Mitfahrgelegenheit an …

Gale bedankt sich bei Joey um die Mithilfe, meint, sie hätte sich schon immer eine Tochter gewünscht, doch in Joey hätte sie ohnehin eine Art Ersatztochter. Dankbar umarmt diese Dawsons Mutter.

Nun möchte sich die Brünette auch bei Jen für ihr konsequent feindseliges Verhalten entschuldigen. Diese akzeptiert nicht nur die Abbitte, sondern meint, es wäre doch wohl für sie beide Platz in Dawsons Leben und sie würde Joey nunmehr respektieren, was diese nun ihrerseits auch bekräftigt.

Tags darauf werden die Männer auf hoher See nun auch mit Erfolg belohnt. Pacey fängt eine prächtige Riesenmakrele. Die Crew ist damit beim Wettbewerb siegreich.
 Mit einem Handschlag verabschieden sich nun Jack und Dawson; John Witter gratuliert dem Sohn, räumt jedoch gleichzeitig ein, der Junge solle diesen Augenblick genießen, er würde wohl nicht mehr häufig derartige Erfolgserlebnisse haben.
 Paceys Miene verfinstert sich, die Freude ist wie weggeblasen. Dawson beobachtet das Szenario, tritt zu dem Jungen

und versichert ihm seine Wertschätzung, Anerkennung und Freundschaft.

Mitch bringt seinen Sohn nachhause. Zum Abschied meint Dawson, er habe vor seinem Vater trotz dessen zerplatzter Träume den größten Respekt und bekräftigt, wie gut er es eigentlich trotz aller vorhandenen Probleme mit seinem Elternhaus hätte.

REVIEW 2.12

Nach den beiden letzten, so spannungsgeladenen und hochemotionalen Episoden, widmet sich nun DC wieder ein wenig den Sachthemen, der Familie, den Vätern.

Wie schon einmal in Staffel 1, Episode 1.08 „Männer", werden die Geschlechter in zwei von einander weit gehend unabhängigen Plots getrennt.

Anhand von Gale Leerys Dokumentation sollen die Probleme der weiblichen Teenager aufgearbeitet werden.

Jedes der Mädchen berichtet nun aus Sicht der eigenen familiären Situation ...

Andie kompensiert ihre Probleme mit dem Hang zum Perfektionismus, der den Blick hinter die bröckelnde Fassade verschleiern soll. Jen verweist auf ihre zwei Identitäten. In New York war sie die Naive, in Capeside ist sie das schlimme Mädchen. Und auch Joey hat Profundes zu sagen und begründet ihre manchmal bösartigen Attacken mit einem Bedrohungsszenario, das sich aus ihrer eigenen Unsicherheit und Provinzialität ergibt.

Alles in allem wird in diesem Plot sehr viel Interessantes vermittelt. Durch das gemeinsame Aufarbeiten ihrer Probleme und Ängste kommen einander alle Mädchen näher und auch Abby hat für ihr Verhalten eine Begründung parat: tödliche Langeweile ...

In ihrer Familie gibt es längst keine Intrigen mehr, der interne Kampf der Eltern ist ausgestanden, die Scheidung längst vollzogen. Zurückgeblieben ist zwar ein Vielfaches an

Taschengeld, sonst aber nichts, was das Leben interessant machen könnte. So muss Abby die Sachen selbst in die Hand nehmen, Intrigen spinnen, Bewegung in eine erstarrte Masse bringen, was hiermit ihre Verhaltensmuster durchaus erklärt und auch rechtfertigt.

Auch Jen und Joey finden einen Weg aus ihrer Pattstellung. Ist es zu Beginn noch so, dass die Brünette der Blonden vorwirft, diese würde sich sukzessive in Dawsons Leben drängen, so wird dies dann letztlich relativiert. Für beide Mädchen muss im Leben des Jungen Platz sein, und die beiden zollen einander ihren Respekt voreinander.

Ein weiterer wichtiger Meilenstein für die zukünftige Freundschaft der beiden Mädchen ist hiermit gesetzt.

In der Mitte von Staffel 5 wird das erwähnte „Platzproblem" erneut zu einem markanten Thema, wo Joey aufgrund der nun beginnenden höchst ernsthaften Beziehung zwischen Dawson und Jen erneut vor der Tatsache steht, ihre zentrale Stellung in Dawsons Kosmos einbüßen zu müssen.

Mit ein wenig Selbstmitleid muss Gale Leery die Aussagen der Mädchen zur Kenntnis nehmen, hätte sie doch selbst zu gerne eine Tochter.

Nun bezeichnet sie Joey als ihre Ersatztochter, was allerdings eine Bekräftigung für Dawsons Feststellung aus Staffel 1, eine (Liebes-)Beziehung zu dem groß gewachsenen Mädchen wäre leicht inzestuös, darstellt.

Der Plot der Männer behandelt eindringlich das Vater-Sohn-Problem.

Das Verhalten von John Witter, dem allmächtigen und allseits anerkannten Polizeichef von Capeside gegenüber Pacey, wird ja schon des Öfteren in manchen Erzählungen und Berichten zum Thema gemacht. In dieser Episode jedoch wird der eskalierende Konflikt direkt am Screen ausgetragen.

Kompromisse gibt es für den Exekutivbeamten ebenso wenig, wie Diskussionen. Befehl ist Befehl …

Probleme und Sorgen sind grundsätzlich mit sich selbst auszumachen …

Letztlich wirft der Vater dem Sohn mangelnde Loyalität vor, was aus dessen Sicht verständlich ist. Pacey agiert immer als Freigeist, was für den gestrengen und einer militärischen Zucht und Ordnung unterliegenden Polizisten untragbar ist und auch den Hauptgrund für die Bevorzugung des anderen Sohnes, Doug, darstellt.

Er müsse den Sohn auf ein allgemein „nervendes" Leben vorbereiten, argumentiert der gestrenge Vater, was ein deutliches Licht auf dessen grundsätzlich negative Lebenseinstellung wirft.

So betrinkt sich der Polizist auch bis zum Umfallen …

Und diesen bedauernswerten Zustand nutzt nun Pacey, einmal mit dem Vater reden und ihn einmal um etwas ganz Persönliches bitten zu können …

Eine berührende, aber auch erschreckende Szene …

In Episode 2.22 muss der Vater erstmals eine höchst positive Meinung zu seinem Sohn zur Kenntnis nehmen, in 4.12 öffnet er sich diesem gegenüber mit einem privaten Geheimnis.

Erst in Folge 6.16 „Geister der Vergangenheit" wird dann John Witter endgültig den wahren Wert seines bislang immer noch verkannten Sohnes erkennen …

Ganz anders ist Dawsons Situation.

Er genießt allseits Anerkennung; John Witter lobt ihn über den grünen Klee; der eigene Vater ist allzeit für ihn da.

So braucht sich der Junge nicht zu wundern, dass sein bester Freund für dessen banale Rivalität mit Jack kein Verständnis aufbringen kann.

Alles Peanuts gegen das, was dieser laufend durchmachen muss …

Jack bringt es mit seiner Metapher von der Ikone auf den Punkt und bringt seine vertrackte familiäre Lage zu Gehör.

Fazit:

Dawson solle doch mit seinen mehr als paradiesischen Zuständen mehr als zufrieden sein; eine Sache, die ihm ja schon Joey im Pilot 1.00 vorwirft …

Der Junge beherzigt dies; vermittelt Pacey dessen, aber auch Andies hoch verdiente Wertschätzung und leistet Abbitte.

Er hat es wirklich gut …

EPISODE 2.13
„Die Frau an seiner Seite" „His Leading Lady"

Dawson und Joey verleben ihren ersten Filmabend nach deren Trennung. Der Junge mimt den Lockeren, was die Brünette ein wenig wundert. Jedenfalls hat sie ihm Hilfe bei seinem Filmprojekt zugesagt und soll jetzt bei der Auswahl für die Besetzung der Sammy, der weiblichen Hauptrolle behilflich sein.
Dawson meint, er wäre endlich über sie hinweggekommen und hätte einfach losgelassen.

Der Junge besucht die Nachwuchskünstlerin nun in ihrem Kunstseminar, wo gerade ein weiblicher Akt gezeichnet wird. Er möchte ihr die neue Drehbuchfassung übergeben, deren Schluss er nun doch wieder geändert hat, bemerkt aber gar nicht, dass sich im Raum ein nacktes Mädchen befindet, das sich als Modell zur Verfügung stellt, und er wird sofort als möglicher Perversling des Zimmers verwiesen.
Später trifft er das Mädchen namens Devon, eine eher kleingewachsene Schauspielstudentin in der Bibliothek wieder und ersucht diese, sein Drehbuch zu lesen und gegebenenfalls die Rolle der Sammy zu übernehmen.

Grams hat Ty mit nachhause gebracht, einen höflichen, sympathischen jungen Mann und stellt ihn ihrer Enkelin, die sich unverzüglich zu diesem hingezogen zu fühlen scheint, als personelle Ergänzung des Filmteams vor.

Pacey findet in Andies Abfallkorb eine leere Dose jenes schweren Psychopharmakons, bei deren Kauf er seine Freundin kürzlich beobachtet hatte. Doch er schweigt dazu und berät sich in dieser Angelegenheit lieber mit Dawson. Dieser meint, er solle die Sache auf sich beruhen lassen und für Andie die gemeinsame Zeit so angenehm wie möglich gestalten.

Devon besucht Dawson und übt herbe Kritik an dessen Drehbuch. Zuerst zieht sich dieser beleidigt in sein

Schneckenhaus zurück und signalisiert dem Mädchen nun seinerseits Desinteresse. Verärgert kritisiert die Studentin dessen unhöfliches Verhalten, der junge Filmemacher besinnt sich und lässt Devon vorsprechen.

Sie tut dies perfekt, Dawson ist restlos begeistert …

Tags darauf begibt sich Devon ins „Ice-House", um Joey, das Vorbild für die weibliche Hauptrolle, zu studieren. Die brünette Kellnerin ist von dem seltsamen Verhalten der Studentin so irritiert, dass sie Jack, der von Jen nun auch Aufgaben beim Filmset übertragen bekommen hat, bittet, die Bedienung derselben zu übernehmen.

Pacey verwirft Dawsons Rat, spricht seine Freundin direkt auf das Präparat an und diese muss nun reinen Wein einschenken. Sie benötige das Medikament seit Tims Ableben, um ihre Stimmungsschwankungen auszugleichen, ihre Ärztin würde aber nun zu einer weiteren Verordnung nicht mehr bereit sein, worauf Pacey zu einer Psychotherapie rät.

Die ersten Proben zum Filmprojekt finden statt. Chris und Devon spielen eine Szene aus Staffel 1 – treffen aber keineswegs noch den Kern von Dawsons Intentionen. Joey kommt hinzu und lernt so die Besetzung „ihrer" Rolle kennen. Devon entschuldigt sich bei jener für ihr merkwürdiges Verhalten im Lokal und charakterisiert die Beziehung zwischen Sammy und Wade (Joey und Dawson) als eine überwältigende Liebe, die transzendent ist.

Devon möchte von Joey überdies erfahren, woher denn deren Zorn käme. Die Brünette windet sich, sie wäre ja von sich aus keineswegs zornig, doch die Studentin provoziert weiter, bezeichnet Jack als das Schoßhündchen, das nur eine Übergangslösung darstelle, wo doch Joeys Herz eindeutig noch immer Dawson gehöre, worauf jene explodiert …

Devon bedankt sich daraufhin höflich für die perfekte Demonstration und geht.

In vielen kleinen Szenen werden nun die kleinen Pannen und auch die Abläufe beim Filmset geschildert, Devon und Chris spielen gerade jene Szene, wo Wade (Dawson) von Sammys (Joeys) Kuss mit Jack erfährt und die beiden müssen passen. Derartige Gefühle kennt zumindest Chris nicht, er kann sie nicht nachvollziehen.

Nun fallen Dawson die Scheuklappen von den Augen. Eindringlich beschreibt er den beiden Hauptdarstellern seine Gefühle für Joey, die Folter, der er nun ausgesetzt ist und von der er annimmt, dass diese ein Leben lang dauern würde. Devon und Chris scheinen zu begreifen und spielen diese ebenso berührende wie fatale Szene meisterhaft.

Joey tritt nun zu Dawson und drängt ihn zu einer Unterredung.

Lautstark wirft sie dem Regisseur dessen Egomanie vor und stellt eindringlich fest, dass sie selbst noch keineswegs über ihn hinweg wäre, und auch Dawson meldet nun wütend und verzweifelt, dass es in seinem Gefühlsleben auch nicht anders aussehe und er sich deshalb an den Film festklammere.

Andie werkt beim Filmset als Requisiteurin. Ihre Launen werden jedoch immer unerträglicher und Pacey schreitet ein, worauf das blonde Mädchen eiskalt feststellt, sie könne auf den Jungen verzichten und er solle sich in Hinkunft von ihr fernhalten.

Verzweifelt spricht er Dawson an, der ihm den Rat gibt, von dem Mädchen abzulassen. Das kann Pacey jedoch nicht akzeptieren. Er begibt sich zum Hause Mc. Phee, findet jedoch keinen Einlass; so klettert er am Spalier zu Andies Fenster hinauf und kann das Mädchen letztlich mit dem Argument, er könne ihr aufgrund seiner Liebe zu ihr die nötige Hilfe angedeihen lassen, überzeugen. Ein inniger Kuss bekräftigt die Versöhnung.

Jen, die von Grams zu ihrer so verantwortungsvollen Aufgabe und deren großartiger Umsetzung beglückwünscht wird, bittet Ty um ein abendliches Date. Dieser führt nun das Mädchen auf eine lockere private Party, wo man sich allerdings mit dem Studium der Bibel beschäftigt ...

Der Drehtag ist beendet; Devon und Chris wollen Dawson zu einem gemeinsamen Dinner überreden, doch der Filmemacher winkt ab, er möchte lieber hier am Set bleiben, wo er auf Joey trifft, die sich nun für ihre herben und unfairen

Worte entschuldigt. Beide beklagen ihre so vertrackte Lage und auch die hübsche Brünette muss zugeben, dass es ihr fast das Herz zerrissen hätte, als sie sich von dem Jungen getrennt hatte. Sie beschwört die Tatsache, dass ihrer beider Leben untrennbar miteinander verbunden seien, da erscheint Jack, um sie abzuholen.

Lange blickt Dawson den beiden nach ...

REVIEW 2.13

Der Film im Film ...

Glänzend breitet sich das DC-Universum in seinem vollen Umfang aus ...

Sensibel, intuitiv, verwirrend hält der Film den im Film Handelnden einen Spiegel vor ihr Gesicht.

Die Zuseher vor dem TV-Gerät beobachten einen Regisseur, der sich mittels der Darsteller selbst beobachtet, ein Faktum, auf welches Devon bei ihrem ersten Gespräch mit Dawson äußerst clever anspielt.

Man könnte auch überspitzt formulieren, die Zuseher am TV-Gerät beobachten die Darsteller und Mitarbeiter am Filmset, die den Regisseur dabei beobachten, wie er sich selbst beobachtet; der Gipfel an Narzissmus, erneuter Ausdruck eines latenten Voyeurismus ...

Chris, der Weiberheld ist Dawson. Devon, die Kleingewachsene ist Joey ...

Beide stellen also eine gewisse Form von Antipoden zu den in DC handelnden Charakteren dar.

Dem oftmals verständnislosen männlichen Hauptdarsteller gegenüber muss sich Dawson gänzlich öffnen, eine gleichermaßen finale wie fatale Erkenntnis ist die resultierende. Der Junge arbeitet seine schmerzlichen Erfahrungen keineswegs auf, sondern muss nun endgültig einsehen, dass ein Hinwegkommen über Joey völlig unmöglich ist, die Folter also ein Leben lang dauern wird. Der Filmemacher erreicht dadurch das Gegenteil von dem, was er hätte erreichen wollen.

Bei Joey verhält es sich genau umgekehrt. Da ist Devon jene, welche die Antworten liefert …
Ähnliche Passivität wird dem Mädchen übrigens im letzten Drittel der dritten Staffel von Pacey vorgeworfen …

Eine überwältigende, transzendente Liebe verbindet Joey also mit ihrem Seelenverwandten, wobei dieser Ausdruck erstmals ernsthaft und seiner tatsächlichen Bedeutung entsprechend verwendet wird.
Und die groß gewachsene Brünette muss sich entgegen ihrer Absichten den Provokationen der kleinen, psychologisch jedoch höchst bewanderten Studentin geschlagen geben. Ihre wütende, zornige Reaktion auf Devons Aussage, Jack sei bloß ihr Schoßhündchen, ist eindeutiger Beweis für die Richtigkeit dieser Vermutung.
Grimmig muss sie die Niederlage einstecken: „… die ist zu klein, um mich zu spielen …"

Schlussendlich muss Joey auch Dawson gegenüber klein beigeben. Sie ist genauso wenig über den Jungen hinweg, wie dieser über sie selbst.

Dawson hat sein Drehbuch erneut umgeschrieben, das Ende nun doch der Realität angepasst.
Stein um Stein wird das Mosaik zusammengefügt, sukzessive erhält der DC-Kosmos jene Gestalt, die zum Verständnis der späteren Staffeln und deren Eigendynamik unabdingbar notwendig ist.

Paceys Lage spitzt sich gefährlich zu, als er die leere Medikamentendose auffindet.
Er sucht zwar nun Rat bei seinem besten Freund und diese scheint durchaus plausibel. Eingedenk dessen so problematischer Beziehung zu Joey wählt der braunhaarige Junge aber nun doch den unbequemeren Weg, spricht Andie darauf an und erfährt zumindest die Wahrheit, so bitter sie nun auch sein mag.
Die Spirale beginnt sich nun immer schneller zu drehen. Der Medikamentenentzug verändert Andies Verhalten; sie zieht sich auf ihre Probleme mit der Familie zurück und sieht

auf einmal Pacey als Corpus Delicti, als Störenfried, auf den man getrost verzichten könne.

Wieder fragt Pacey seinen Freund um Rat …

„Lass ab von ihr …"

Nicht akzeptabel; die Beziehung zu Andie ist keine verkrachte Teenieliebelei, wie er dies bei Dawson und Joey herabwürdigend vermutet …

Und wieder einmal zeigt Pacey sein wahres Gesicht; er lässt nichts unversucht, zu seiner Geliebten zu gelangen und ist schlussendlich erfolgreich.

Mit Ty erscheint ein Charakter in DC, der auf den ersten Blick schwer einschätzbar wirkt, er ist zwar sympathisch, natürlich, fürwitzig – ein idealer Typ für Jen; er hat jedoch a priori schon einen schweren Fehler, die Wertschätzung durch Grams.

Diese Tatsache hätte der New Yorkerin schon zu denken geben müssen, sonst wäre die Überraschung, sich bei dem abendlichen Date mitten in einem Bibelkreis zu finden, lange nicht so groß gewesen.

Grams, die Traditionalistin, lässt erstmals erahnen, welch wichtigen Part sie dereinst für die jungen Leute in deren Studienzeit spielen könnte. Ihr Argument, wie glücklich sich doch heutzutage Frauen schätzen könnten, hat Gewicht, haben jene gegenüber früheren Zeiten heutzutage wirklich alle nur erdenklichen Möglichkeiten, sich selbst zu verwirklichen und Verantwortung zu tragen.

So steigt Jen, die maßgebliche Verantwortliche, die Filmproduzentin als Siegerin aus dem Ring, sie beweist ernsthaft, was in ihr steckt und was sie zu leisten im Stande ist, und dies wird von der Großmutter dementsprechend gewürdigt und honoriert.

Mit zwei verzagten, über ihr Scheitern zutiefst betrübten jungen Menschen, die einander gegenseitig auf einer Parkbank im Schulgarten ihr gemeinsames Leid klagen, endet eine der großen Episoden dieser Serie; Kevin Williamson, Paul Stupin und das ganze Team haben Großes geleistet.

EPISODE 2.14

„Nie wieder Gedichte" „To Be Or Not To Be ..."

Jack hat für Dawsons Film „Creekdays" ein Modell des Städtchens Capeside gebaut. Der Filmemacher ist restlos von dem Werk begeistert ...
    Auch Pacey ist mit von der Partie, verlässt jedoch bald das Szenario; er hat noch Hausübungen zu machen.
    Die beiden Zurückgebliebenen sind verwundert, derartige Emsigkeit passe doch gar nicht zu dem Freund.
    Jack beklagt bei Dawson, er müsse für Mr. Petersons Literaturkurs ein Gedicht verfassen und hätte keine Ahnung, wie er das anpacken solle. Der junge Filmemacher rät, man müsse nur in sich selbst hineinhorchen ...

Vor der Schule trifft Pacey auf Mr. Mylo. Dieser ist verwirrt und gleichzeitig hochzufrieden, hat er doch von Paceys außergewöhnlich guten schulischen Leistungen der letzten Zeit Wind bekommen. Mit lobenden Worten bringt der Lehrer diesen Umstand dem ungläubigen Jungen zur Kenntnis.
    Freudig erregt umarmt dieser nun auf dem Schulgang seine Freundin und küsst sie leidenschaftlich. Joey und Jack beobachten die Szene und der Junge will es Pacey und Andie gleichtun, doch Joey blockt ab; derlei Liebesbekundungen hätten in der Schule nichts verloren.
    Dawson stößt hinzu und vereinbart mit Jack ein erneutes Arbeitstreffen. Joey ist überrascht und über die freundschaftliche Annäherung der beiden ehemaligen Kontrahenten zufrieden.

Jen zweifelt daran, ob Ty aufgrund seiner Lebenseinstellung für sie geeignet ist. Der Junge lässt jedoch nicht locker; die Religion sei bei Weitem nicht alles, was ihn definiere.

In Mr. Petersons Kurs werden nun die Gedichte abgegeben. Pacey hat sein Werk handschriftlich auf einem Zettel verfasst, was der gefürchtete Lehrer als nicht ausreichend akzeptiert. Aufgebaut durch Mr. Mylos Lob provoziert der Junge weiter.

Eine weitere abschätzige Bemerkung Paceys an Jacks Adresse und dessen ebenso gelagerte Antwort veranlassen den Lehrer, diesen sein Gedicht vorlesen zu lassen. Der Junge sträubt sich, doch es bleibt ihm letztlich keine Wahl; er muss sein Werk laut präsentieren.

Und es handelt von einem Mann …

Mitten im Vortrag beginnt Jack zu weinen, was alle anderen Schüler/innen mitbekommen. Pacey versucht, das grausame Geschehen zu unterbinden, doch der Lehrer ist unerbittlich.

Dawson und Joey sitzen an ihren Laptops und scherzen über die diversen Passwörter, da kommen ihnen die Vorkommnisse in Mr. Petersons Kurs zu Ohren. Unverzüglich ist also Jack als homosexuell abgestempelt und die ganze Schule macht sich auf vielfältigste Weise über ihn lustig.

Joey ist verzweifelt; ein Gespräch mit Dawson bringt vorerst auch keine Klarheit und der Versuch, mit dem Betreffenden über die unangenehme Sache zu reden, scheitert.

Pacey spricht mit Andie über die Vorfälle. Jene meint zum Schrecken ihres Freundes, sie wäre im konkreten Fall von Jack sehr enttäuscht, hätten sie ja auch so schon genug familieninterne Probleme.

Ty hat mit seinen Avancen gegenüber Jen nun doch Erfolg und schleppt die New Yorkerin in einen Blues Club. Diese wundert sich sehr darüber und versteht nicht, wie diese Aktivität mit der Religiosität des Jungen vereinbar ist und unterstellt diesem Heuchelei.

Unter dem Gespött der anderen muss nun Jack in Petersons Kurs sein Gedicht zu Ende lesen, worauf Pacey der Kragen platzt und er dem verhassten Lehrer in harten Worten seine tiefe Verachtung vermittelt, sowie diesem mitten ins Gesicht spuckt.

Das Nachspiel findet nun in der Direktion statt, Pacey ist jedoch nicht zu einer Entschuldigung bereit, die Disziplinarkonferenz wird vertagt.

Andie ist völlig vor den Kopf gestoßen. Sie versteht nicht, warum sich ihr Freund bewusst ins Unrecht setzt, damit alle guten Leistungen der letzten Zeit infrage stellt und sich damit erneut in Gefahr bringt. Pacey reagiert darauf seinerseits mit Unverständnis; ihm ist nicht klar, warum seine Freundin nicht hinter ihm und seiner Aktion steht, geht es ja letzten Endes um ihren eigenen Bruder, demgegenüber er sich nun schuldig und für die ganze Eskalation verantwortlich fühlt.

Die Schwester verhält sich schlussendlich mustergültig; sie liebt Jack und steht zu ihm, was immer auch geschehen mag.

Joey besucht Dawson und berichtet von Jacks hartnäckigem Schweigen und ihrer, aus den ganzen unerfreulichen Umständen resultierenden, tiefen Unsicherheit. Der Junge rät ihr daraufhin, alle Rücksichtnahme über Bord zu werfen und ihren Freund direkt darauf anzusprechen.

Paceys zweite Verhandlung im Direktorat findet statt. Der Junge räumt zwar teilweise sein Unrecht ein, führt aber der Kommission klar das unentwegte Fehlverhalten der betreffenden Lehrkraft vor Augen.

Joey befolgt Dawsons Rat und fragt Jack direkt, ob er nun schwul sei. Dieser verneint, begründet den Inhalt seines Gedichtes mit Gedanken an seinen verstorbenen Bruder Tim; das Mädchen ist grenzenlos erleichtert und umarmt ihren Freund innig. Dessen traurig-verstörter Blick jedoch lässt einige Rückschlüsse zu …

REVIEW 2. 14

Recht oder Unrecht, das ist hier die Frage …

Grundsätzlich muss man feststellen, dass beide, Mr. Peterson wie auch Pacey, Unrecht haben.

Die Lehrkraft ist alt, verbraucht, verbittert, gezeichnet von jahrzehntelangem unbeirrten und so oft erfolglosen Versuchen, der jungen Generation Wissen zu vermitteln.

Pacey andererseits ist gestärkt durch seine guten Leistungen, durch Mr. Mylos Lächeln und Lob, doch Andies psychischer

Zustand belastet ihn sichtlich; er kann nicht dabei zusehen, wie dem Bruder der ohnehin so schwer geprüften Freundin Leid zugefügt wird; machtvoll kommt nun sein Heldenkomplex zum Vorschein und er schießt weit übers Ziel.

Natürlich sieht er sich im Recht, doch er irrt, was ihm Andie mit deutlichen Worten zu verstehen gibt. Wie kann man so ungeschickt sein und alles Positive, das man nun endlich erreicht hat, einfach mit einer Aktion wegzuwerfen …

Auch Dawson, der seinen Freund auf das „Schafott" begleitet, ist grundsätzlich Andies Ansicht, steht aber voll zu seinem Freund.

Die Außenstehenden haben natürlich das Problem, die ganzen Vorfälle nicht live mitbekommen zu haben; sie sind auf die diversen Erzählungen, Gerüchte und Vorwürfe angewiesen.

An dieser Stelle muss nun leider Kritik am Drehbuch geübt werden:

In Folge 2.07 „Die Prüfung" besuchen mit Ausnahme von Jack alle Freunde Mr. Petersons Literaturkurs und lernen bekanntlich auch gemeinsam. Wie kann es nun sein, dass zum Zeitpunkt der bösen Vorkommnisse im besagten Unterricht von der ganzen Clique ausschließlich Pacey und Jack anwesend sind?

Es wird so dargestellt, man nehme es zur Kenntnis …

Joey hat andere Probleme, sie mengt sich in das Geschehen rund um Paceys verbale und physische Injurien nicht ein; sie muss das hartnäckige Gerücht um Jacks mögliche Homosexualität entkräften. Überallhin folgt es ihr; hautnah bekommt sie die Witzeleien, die boshaften Bemerkungen mit und ihr Freund kann ihr auch nicht viel helfen. Immer mehr zieht er sich zurück, hüllt sich in tiefes Schweigen und nimmt die Schmähungen hin.

So muss Joey aktiv werden. Mitten auf dem Schulgang zieht sie den Jungen zu sich und küsst ihn leidenschaftlich. Doch auch dieses Mittel zieht letztlich nicht; die Gerüchte bleiben am Leben.

So wendet sie sich schweren Herzens an Dawson. Dieser verhält sich, wie ein echter Freund, gesteht, er hätte bei Jack schon das eine oder andere Mal an eine andersartige sexuelle Orientierung gedacht und empfiehlt ihr, den schwierigen, den direkten Weg zu gehen.

Jen steht vor einem ganz anderen Problem. Die Bibelrunde mit Ty hat sie zutiefst irritiert. So zweifelt sie an einer möglichen Beziehung zu dem interessanten jungen Mann.

Als dieser sie jedoch in einen verrauchten Club mitnimmt und stark alkoholische Getränke bestellt, versteht sie die Welt erst recht nicht mehr. Wie passt das zu seinem Glauben?

DC hat sich immer wieder mit dem Thema Religion beschäftigt, hat viele verschiedene Auffassungen, aber auch Glaubensauslegungen zu Wort kommen lassen. Bislang ist Jen in diesem Zusammenhang nur die restriktive, anders Denkenden gegenüber intolerante und ein wenig bigotte Art der Großmutter bekannt; nun jedoch wird sie auf einer lockeren Party mit einer bunt zusammengewürfelten Schar an lustigen, netten Leuten konfrontiert, die sich auf ganz legere Art mit den biblischen Stoffen beschäftigen.

Zu allem Überdruss dann noch der Ausflug in die Blues Bar …

Sie lernt somit eine gänzlich andere Seite des christlichen Lebens kennen, eine Seite, mit der sie noch überhaupt nichts anfangen kann, zumal ja der ebenso lustige und lockere Ty auch argumentiert, dies alles wäre mit den sonntäglichen Gottesdiensten nicht in Zusammenhang zu bringen und das Christentum gehe nun einmal davon aus, dass kein Mensch perfekt sei.

So ist es nur zu verständlich, dass Jen hier ein heuchlerisches Verhalten vermutet.

Viele offene Fragen bleiben nach dieser Episode im Raum stehen; die Lösungen jedoch nahen …

EPISODE 2.15
„Die ganze Wahrheit" „…That Is The Question"

Pacey hat eine Woche Suspendierung vom Unterricht als Strafe ausgefasst. Diesen Zeitraum verbringt er nun als Dawsons Mitbewohner, um sich nicht dem Horror zuhause aussetzen zu müssen. Er ist jedoch noch immer von der grundsätzlichen Rechtmäßigkeit seines Verhaltens überzeugt und erhält die Eiszeit gegenüber Andie aufrecht.

Die Witzeleien um Jack und dessen vermeintliche Homosexualität gehen weiter. Dieser begegnet nun den Anschuldigungen mit etwas mehr Humor und Aktivität; er meint, man könne das hartnäckige Gerücht nur dann gänzlich widerlegen, wenn er mit Joey auf dem Rasen vor dem Schulhaus Sex hätte.

Dawson wird von Jen eingeladen, des Abends mit ihr und Ty in den Blues Club zu gehen. Dankend nimmt der Junge die Einladung an und hinterfragt bei Joey, ob diese denn nicht ebenfalls Lust hätte mitzugehen. Sie muss dies jedoch aus schulischen Gründen verneinen. Dawson rät seiner Freundin, sie solle stattdessen etwas Romantisches mit Jack unternehmen; so beschließt diese, für ihren Freund ein besonderes Menü zu kochen.

Erneut geraten Andie und Pacey aneinander; beiden sind nicht in der Lage, von ihrer Überzeugung abzurücken und sich beim jeweils anderen zu entschuldigen.

In Mr. Petersons Kurs eskaliert erneut die Lage; Pacey hat auf sein Gedicht nun die Note 6 erhalten, was für diesen nicht nachvollziehbar ist. Der Lehrer meint, Gerechtigkeit werde gewaltig überschätzt und ab sofort würden Noten ganz nach dessen Gutdünken vergeben.

Der Junge ist überzeugt davon, dass dies nur ein Vorwand für Mr. Petersons grimmige Rache ist und schreitet zur Tat, besorgt sich die Dienstvorschriften für Lehrer, sammelt in Windeseile Unterschriften betroffener Schüler/innen und informiert den Elternbeirat.

Andie und Jack werden in die Direktion zitiert, wo Mr. Mc. Phee, deren Vater, auf seine Kinder wartet. Andie zeigt sich erfreut, den Vater zu sehen, die Stimmung zwischen diesem und seinem Sohn ist aber sofort von Feindseligkeit und Misstrauen geprägt.

Trotzdem lädt der Vater seine Kinder in ein Restaurant zum Essen ein.

Jack informiert Joey, dass das geplante romantische Dinner deshalb leider ausfallen und auf einen anderen Abend verschoben werden muss. Das Mädchen entschließt sich, nun doch mit in den Blues Club zu gehen, wo sich Ty als begabter Jazzpianist entpuppt.

Während Joey und Dawson miteinander tanzen, diskutieren Jen und Ty die Sache mit Jack, der Junge bezeichnet ihn als Tucke, die sich einfach für eine andere sexuelle Orientierung entschieden hat, was seine Begleiterin überhaupt nicht verstehen kann. Für diese ist dies nämlich keine Entscheidung, sondern eine Tatsache.

Dawson bringt Joey heim. Diese möchte von dem Jungen wissen, ob er sie sexy fände, was dieser vollinhaltlich bejahen muss. Letztlich möchte der Junge seinerseits wissen, warum sich jene für Jack entschieden hätte, worauf ihm das Mädchen die Antwort schuldig bleibt.

Im Hause der Mrs. Ryan kommt das Thema Jack nochmals zur Sprache, erneut bekräftigt Ty seinen intoleranten Standpunkt, der die Schwulenbewegung als gefährlich und überdies von Gott verboten hält, und bekommt von Jens Großmutter die ernüchternde Antwort, er solle nicht über Jack urteilen, sondern ihm gegenüber Verständnis und Toleranz aufbringen, Werte, die dieser so dringend brauchen würde; die Beurteilung des Menschen Jack würde jedenfalls an ganz anderer Stelle erfolgen …

Mr. Mc. Phee ist erbost über seinen nunmehr einzigen Sohn und die um diesen kursierenden Gerüchte. Er hat kein Verständnis für Jack, kehrt seine Probleme mit Familie und Geschäft hervor und verlangt eine sofortige Lösung des Problems.

Am darauf folgenden Morgen muss Mr. Mc. Phee wieder abreisen, doch stellt sich ihm sein Sohn in den Weg. Dieser wirft dem Vater nun weinend dessen Fehler und Versäumnisse, aber auch die Wahrheit an den Kopf: Er ist tatsächlich schwul …

Andie ergreift nun Partei für ihren verzweifelten Bruder; gemeinsam nötigt man den Vater, das Haus zu verlassen.

Jack ersucht Joey, den bevorstehenden Abend für das romantische Dinner zu nutzen. Hocherfreut sagt jene zu.

Mr. Petersons Kurs entfällt. Pacey entdeckt den Lehrer beim Räumen seiner Arbeitsstelle. Der Lehrer zieht es vor, klein beizugeben und in vorzeitigen Ruhestand zu treten. Der Junge möchte sich nun bei der Lehrkraft entschuldigen, doch Mr. Peterson weist darauf hin, Pacey solle sich seine Glanzleistung dadurch nicht selbst zerstören. Mit einer philosophischen Betrachtung über den Faktor Mitgefühl gehen die beiden Kontrahenten auseinander.

Ty entschuldigt sich bei Jen für dessen Intoleranz und bittet diese charmant um eine weitere Chance. Und auch Andie und Pacey schließen Frieden; beide wissen, was sie aneinander haben und was sie einander gegenseitig bedeuten, aber auch schuldig sind.

Joey entzündet Fackeln im Garten der Potters. Es herrscht romantische Stimmung, da erscheint Jack, verfrüht, das Essen steht noch im Hause.

Und er erklärt nun auch seiner Freundin die traurige Wahrheit …

Diese läuft unverzüglich zu Dawson und weint sich in dessen Armen aus.

REVIEW 2.15

Mr. Petersons Rache lässt nicht lange auf sich warten; mit einem kurzen, aber umso kräftigeren Rundumschlag ändert er die Spielregeln …
 Plötzlich stellt nun die äußere Form einer Arbeit die halbe Note dar, was Pacey eine Sechs beschert, und Noten werden ab sofort nach dem spontanen Gutdünken des Lehrers vergeben.
 Eine klare Kriegsansage an Pacey …
 Zu Recht kann dieser damit rechnen, im Literaturkurs hochkantig durchzufallen.
 Normalerweise würde man annehmen, der Lehrer säße am längeren Ast, doch hat dieser Paceys Aktionspotenzial gewaltig unterschätzt …
 In Windeseile rüstet er sich und setzt gezielt zum vernichtenden Gegenschlag aus. Pacey erweist sich hier als ein wahrer Meister der Organisation und der Zivilcourage, aber auch der Umsicht; Eigenschaften, die ihm oftmals noch Lorbeeren einbringen werden.
 So muss Mr. Peterson letztlich dem Gegner zum Sieg gratulieren und die Flagge streichen.
 Die Rede ist von Mitgefühl; ein sehr interessantes Kapitel …
 Respekt verdient nur der, der auch Mitgefühl entwickeln kann. Zu Recht verweigert der lang gediente Lehrer seinem Kontrahenten dieses; Pacey hätte ja mit ihm Derartiges auch nicht gehabt …

Im Hause Mc.Phee eskaliert die Lage. Die Direktion hat Mr. Mc.Phee aus Providence herzitiert und diesem von den bösen Gerüchten in Zusammenhang mit seinem Sohn berichtet.
 Freudig läuft Andie auf den Vater zu, umarmt ihn; Jack jedoch bleibt wortlos stehen, blickt den Vater böse an.
 Ebenso wortkarg gibt sich der Junge beim gemeinsamen Abendessen.
 Andie streicht ihre herausragenden schulischen Leistungen hervor, will Anerkennung durch den Vater erreichen, doch sind

gerade diese für Mr. Mc. Phee zu einer Selbstverständlichkeit geworden. Nur der seit jeher ungeliebte, weil immer schon ein wenig anders geartete Sohn, ist für ihn im Augenblick interessant. Dinge, die funktionieren, werden von dem Problem beladenen Geschäftsmann unverzüglich abgehakt.

Es ist dem Vater egal, ob Jack mit sich selbst Schwierigkeiten hat, entscheidend ist einzig und allein, dass er selbst keine dazubekommt.

Ist schon das Problem mit der psychisch kranken Frau nicht lösbar, so hat zumindest das mit Jack gelöst zu werden.

Das morgendliche Gespräch zwischen den beiden, die einseitige Aussprache, die Aufklärung über ein geheimnisvolles Leben gerät zu einem der ergreifendsten, aufwühlendsten und wichtigsten Szenen von ganz DC. Mit einem Schlag werden eine Vielzahl von bislang unbekannten Details aus der Historie der Familie Mc. Phee offenbar.

Und Kerr Smith spielt seine Rolle brillant …

Niemand wird sich wohl vor diesem verzweifelten Outing und den vielschichtigen Gründen, die dahinter stehen, verschließen können.

Erneut ist der christliche Glaube ein zentrales Thema und wird mit der Diskussion um die Homosexualität genial verknüpft.

Bislang hatte man immer Mrs. Ryan für die Intolerante gehalten, doch weit gefehlt … Mit Ty präsentiert sich ein junger Christ, der eine einseitige Bibelauslegung praktiziert, er legt die Heilige Schrift primär nach den Verboten aus und vergisst dabei die Gebote zur Nächstenliebe, Menschlichkeit und Toleranz. Man wäre fast geneigt, zu meinen, der junge Mann und talentierte Musiker hätte sich ein wenig zu viel mit dem Alten Bund beschäftigt und dabei die Heilsbotschaften Jesu Christi vernachlässigt.

Joey sucht nun die Fehler bei sich; versucht dahinterzukommen, warum sich Jack oftmals so distanziert verhält. Noch glaubt sie fest an dessen Heterosexualität …

So möchte sie gerade von Dawson wissen, ob sie sexy sei; sie vermutet ihre eigene Unerfahrenheit als Hemmschuh in ihrer Beziehung. Sie überlegt aber auch, ob gerade dieser

Grund dafür gewesen wäre, dass Jack sich eben sie als seine Freundin ausgewählt hatte, doch Dawson kontert nun zu Recht: Nein, nein, der Spieß gehört wohl umgedreht; warum hast du dich an Jack gewendet? Eine hochinteressante Frage, die vorerst unbeantwortet bleibt.

Eindrucksvoll, stimmungsvoll und edel sind die finalen Szenen gestaltet. Es werden nicht viel Worte gemacht. Die wenigen jedoch sind prägnant und dem Szenario angepasst.

Einmal noch fragt Joey mit Tränen in den Augen: „… bist du schwul? …" Jack nickt nur ganz leicht mit dem Kopf, ergreift den Zeigefinger des Mädchens und schweigt.

Er geht nachhause; alleine sitzt Andie beim Essen; die Versöhnung mit Pacey hat sie längst vollzogen, da kommt der Bruder mit einem leisen, einem traurigen Lächeln um die Lippen. Die Schwester weiß genau, wie viel es nun geschlagen hat …

Die verzweifelte Joey kennt nur einen Weg, zu Dawson. Ein Blick des Jungen genügt, um zu erkennen, was es mit der psychischen Lage seiner Freundin auf sich hat. Hilfe suchend schmiegt sich diese an den Freund. Zärtlich umfasst er sie …

In der Geborgenheit seiner Arme lässt sie ihren Tränen freien Lauf.

DAS sind Dawson und Joey …

Im Finale von S 5, 5.23 „Schwanengesang" wird genau dieses sehr prägnant verbalisiert, indem sich diesmal Joey als jenen Rettungsanker bezeichnet, zu dem man immer dann zurückkehren kann, wenn das Leben zu bedrohlich wird …

EPISODE 2.16

„Partys und andere Peinlichkeiten"
„Be Careful, What You Wish For"

Dawsons sechzehnter Geburtstag steht unmittelbar bevor und der Junge lamentiert Pacey gegenüber lautstark über sein verkorkstes und erfolgloses Leben. Alles würde sich verändern und weiterentwickeln, nur er selbst träte auf der Stelle.

Letztlich kommt ihm die einzig sinnvolle Lösung für seine Konflikte; er müsse mit allen Mitteln Joey zurückgewinnen.

An Dawsons Ehrentag hat sich Mitch im Hause Leery eingefunden, wo er traditionellerweise das Geburtstagsfrühstück für seinen Sohn vorbereitet.

Mit seiner Noch-Ehefrau diskutiert er nun über Dawsons übertrieben wertvolles Geburtstagsgeschenk, ein teures nagelneues Auto, das Gale hauptfinanziert hat und das schon in der Garage steht. Überdies erklärt Mitch, dass er sich zur finanziellen Entlastung Gales entschlossen hat, die Pläne für ein eigenes Restaurant hintanzustellen und er stattdessen einen Lehrerjob an der Capeside High angenommen hat.

Ty und Jen verpacken ihre Geburtstagspräsente für Dawson, zwischen beiden sprühen die erotischen Funken, doch Ty steigt zur Verwunderung des blonden Mädchens auf die Bremse ...

Abby besucht mit Freundinnen das „Ice-House". Gemeinsam bewundern sie Jacks Comingout.

Joey möchte für Dawson eine Überraschungsparty organisieren und gibt sich deshalb Pacey gegenüber ziemlich nervös. Dieser beruhigt die Freundin; gemeinsam geht man nochmals das Procedere durch.

Und auch Bessie kommt der Schwester mit Ratschlägen zu Hilfe, wie sie über das Debakel mit Jack hinwegkommen könne; sie solle sich einfach auf sich und ihre künstlerischen Ambitionen konzentrieren.

Dawson platzt bei der Türe hinein und eröffnet Joey in weiterer Folge, dass er sie unbedingt zurückgewinnen wolle, seien sie doch seelenverwandt und füreinander bestimmt. Joey blockt jedoch ab; über dieses Thema könne man momentan nicht miteinander sprechen. Enttäuscht und verbittert wendet sich Dawson ab und geht.

Andie hat sich in die Hände ihrer Ärztin begeben. Diese rät ihrer Patientin, einfach einmal locker zu lassen, etwas völlig Ausgeflipptes zu tun und den Drang zum Perfektionismus beiseitezuschieben.

Pacey ist mit Andie und Dawson im Polizeiauto seines Vaters unterwegs. Die Zeit bis zu Joeys Überraschungsparty soll überbrückt werden. Andie befolgt den Rat ihrer Ärztin, gibt sich ganz leger und ungezwungen und möchte eine Bar aufsuchen. Dawson ist vergrämt, es ist ihm so ziemlich alles einerlei.
Trotz Paceys wachsamen Blicks betrinken sich die beiden in einem Nachtlokal gehörig und singen gemeinsam alkoholisiert auf der Bühne Blues. Dabei wird klar, dass Dawson von Joeys Überraschungsparty weiß.

Jene ist voll im Laufen, doch zu Joeys Verzweiflung ist das Geburtstagskind noch immer abwesend. Abby baggert Jack an; mit der Aussage, dass eigentlich alle Menschen den Hang zur Bisexualität hätten, hat sie bei dem Jungen Erfolg. Die beiden ziehen sich in Dawsons Zimmer zurück und beginnen heftig zu knutschen.

Jen und Ty haben sich in die Garage zurückgezogen und beginnen gerade in Dawsons neuem Auto das Kamasutra zu üben. Im letzten Moment blockt Ty ab. Seine Religion verbiete ihm vorehelichen Sex und er verweist auf Jens dunkle Vergangenheit. Zutiefst gekränkt und verletzt zieht sich diese zurück.

Nun erscheint endlich Pacey im Hause der Leerys und hat die zwei Betrunkenen im Schlepptau, die auf dem Esstisch zu tanzen beginnen.

Joey ist ratlos …

In der Absicht, ihm Kaffee einflößen zu wollen, führt sie ihren schwer alkoholisierten Freund auf sein Zimmer hinauf, dessen Eltern sollen seinen Zustand nicht bemerken, da ertappen die beiden Jack und Abby, die intensiv miteinander beschäftigt sind.

Das ist nun für beide zu viel …

Dawson torkelt zu den Festgästen hinunter und äußert lallend und viele der Anwesenden beleidigend, seine Wünsche zum Geburtstag.

Gemeinsam mit Andie findet sich der betrunkene Junge nun im Badezimmer seines Elternhauses wieder, wo man sich einträchtig heftig übergibt.

Gale und Mitch beschließen angesichts des ungebührlichen Benehmens ihres Sohnes, den neuen Wagen wieder zum Händler zurückzubringen und gemeinsam einen Gebrauchtwagen anzuschaffen.

Ty versucht Jen sein Verhalten zu erklären und meint, man solle den Kontakt abbrechen, denn die Versuchung wäre für ihn zu groß. Das blonde Mädchen hat jedoch ohnehin kein Interesse mehr; als Nutte möchte sie nicht angesehen werden, die Kränkung sitzt zu tief. Allerdings räumt sie ein, sie hätte den Jungen wirklich gemocht.

Im Garten des Hauses Leery treffen Jack und Joey aufeinander. Der Junge möchte die Sache mit Abby aufklären. Letztlich meint er, er hätte von Anbeginn gewusst, dass er schwul sei; die allseitige Bewunderung seines Outings wäre ihm wohl ein wenig zu Kopf gestiegen; das hätte er nicht erwartet.

Trotzdem befürchtet der Junge, immer allein und einsam bleiben zu müssen.

Joey begibt sich zu Dawson auf dessen Zimmer. Dieser ist nun ein wenig ausgenüchtert und bereut seine abscheulichen Worte. Die Freundin tröstet ihn jedoch; es sei alles nicht so schlimm und man hätte ihm gewiss schon verziehen.

Auf die Frage, warum sich Joey nun tatsächlich Jack ausgesucht hätte, spricht das Mädchen die Wahrheit: Dieser sei eben nicht so wie Dawson, stünde ihr nicht so nahe und sie hätte Angst davor, keine eigenständige Persönlichkeit zu werden. Genau das müsse sie aber nun herausfinden.

Mit der Bitte, sich damit zu beeilen, gesteht Dawson der Freundin seine Liebe, was diese gegenüber dem nun bereits Schlafenden auch tut.

Joey tritt zum Fenster; leise beginnt es zu schneien ...

REVIEW 2.16

Dawson ist in Panik und Pacey schwant Übles ...

Und er sollte Recht behalten ...

Der Prolog glänzt jedenfalls mit einer ganz subtilen Symbolik: Bei seinem festen Entschluss, Joey zurückgewinnen zu wollen, ergreift Dawson jenen Torso, jenen Puppenkopf, der ihm beim „Ungeheuer aus der Tiefe" in Episode 1.01 als Joeys Haupt gedient hatte und übergibt ihn sodann an Pacey ...

Es ist wahrlich nicht Dawsons Episode, die man hier vorgesetzt bekommt. Die Panik vor dem Geburtstag, aber auch der Alkoholeinfluss lässt erstmals dessen „Hide"-Version aus dem ersten Akt der dritten Staffel aufblitzen.

Während sich dieser Einfluss bei Joey bekanntlich in Laszivität präsentiert, wird Dawson aggressiv. Allen sagt der sonst so rücksichtsvolle und höfliche junge Mensch nunmehr schonungslos Wahrheiten ins Gesicht, die zwar schmerzlich, aber keineswegs unberechtigt sind: Die Mutter hätte nicht mit ihrem Kollegen schlafen sollen, der Vater solle handeln und sich endlich einen Job suchen, wobei diese Anschuldigung nicht mehr ganz berechtigt ist, da Mitch ja bereits eine Stelle an der Capeside High angenommen hat, was der Junge allerdings noch nicht wissen kann; Pacey wiederum solle sich vom Musterschüler und Wohltäter wieder zu jenem „Versagertyp" wandeln, der ihm immer das Gefühl gegeben hätte, ein besseres Leben zu haben, Jack solle sich entscheiden, welche sexuelle Orientierung er nun tatsächlich wolle, mit Jen wolle er auch einmal „feiern" und er sucht auf unnachahmliche Art die sich selbst finden wollende Joey.

Diese beantwortet dem Jungen letztlich dessen Frage aus der Vorepisode auf durchaus einleuchtende Art, indem sie ihm die Gründe für ihr Verhalten und ihre Ängste auseinandersetzt: Ihre beiden Leben sind derart miteinander verflochten, dass es für sie den Anschein hätte, der Junge hätte sie „erfunden".

Hier vergisst allerdings die Synchronisation das wichtige Wort „partially, teilweise …", was im Original die Aussage des Mädchens logischer und nachvollziehbarer macht.

Dawsons theatralisches Verhalten in betrunkenem Zustand wird dann auch in Folge 5.06 „Angst" präsentiert, wo er gerade gegenüber Joey erneut eine gewaltige und beleidigende Show abzieht.

Kritik sei erneut an der Tatsache geübt, dass in dieser Episode Jugendliche in einer Bar ohne Ausweis alkoholische Getränke bekommen können, ein Problem des Drehbuchs, das auch in 3.01 „Ein Schlag ins Wasser" in Zusammenhang mit dem Stripladen ähnlich gelagert ist. In 4.13 „hoffnungslos" bekommt der nun bereits wesentlich ältere Dawson ganz plötzlich Schwierigkeiten damit …

Einen weiteren Beweis für Tys eigenwillige Bibelauslegung, welche die Verbote in den Vordergrund stellt, stellt dessen höchst fragwürdiges, beleidigendes, verletzendes Verhalten gegenüber Jen dar, der wieder einmal glasklar ihre New Yorker Vergangenheit vor Augen geführt wird, eine Vergangenheit, die sie noch immer auf Schritt und Tritt verfolgt.

Vorehelicher Sex ist für den jungen Mann tabu …

So muss er sich den vermeintlichen Verführungskünsten der Jen Lindley entziehen.

Jene revanchiert sich und wirft ihm, in gewisser Weise berechtigt, erneut dessen Heuchlerei an den Kopf. Sich etliches hinter die Binde zu gießen, mache dem Jungen nämlich keine Probleme; sonntags könne er ja dann sein Gewissen erleichtern.

Äußerst geschickt werden hier abermals die Unterschiede zwischen reifem gelebtem Christentum am Beispiel Grams und dem anerzogenen, restriktiv ausgelegten eines Heranwachsenden herausgearbeitet, der sich durch Jugend und Hormonsteuerung in dessen Zwängen befindet.

Jacks Outing hat ihn bekannt gemacht. Überall schlägt ihm Bewunderung entgegen. So ändert er urplötzlich sein Outfit; Ansätze von Selbstvertrauen kommen zum Vorschein; Abbys Vortrag über die Bisexualität schüren dies ...

Die Nabelschau in Dawsons Zimmer samt intimer Begegnung mit der „Außenseiterkollegin" ist die Folge.

Doch die beiden werden ertappt und Jack fühlt sich letztlich schwuler denn je zuvor.

Joey jedenfalls hat für den Freund, sein krampfhaftes Suchen, seine Einsamkeit mehr als nur Verständnis. Eindringlich ersucht sie ihn jedoch, das Positive, das ihm von vielen Seiten entgegenschlägt, aber auch die Hilfe der Freunde nicht für selbstverständlich zu erachten.

Letzten Endes steht das brünette Mädchen ähnlich einsam an Dawsons Fenster.

Nun fällt doch der erste Schnee, sie darf sich etwas wünschen ...

EPISODE 2.17
„Blick in die Zukunft" „Psychic Friends"

Dawson wird von einem Albtraum gepeinigt, in welchem Jack bei seinem Film Regie geführt, wieder seine sexuelle Orientierung geändert und Joey um ihre Hand gebeten hätte.

Mit Miss Kennedy hat nun eine attraktive Dame die Leitung des Filmkurses übernommen. Dawson ist restlos von ihr begeistert ...

Joey und Jack verkehren auf freundschaftlicher Ebene weiterhin sehr intensiv miteinander, doch sie langweilen sich.

Ein Jahrmarkt im Städtchen soll da Abhilfe bringen.

Andie bekniet Pacey, er möge doch bei dem Fest Kapitän Skippie, den Polizeihund spielen, der Kinder spielerisch über richtiges Verhalten in verschiedenen Lebenslagen informiert. Der Junge ist jedoch von üblen Erfahrungen aus dem vergangenen Jahr gezeichnet und hat wenig Lust dazu. Erst als Andie eine weibliche Waffe auffährt, ist ihr Freund bereit.

Der Jahrmarkt ist voll im Gange.

Jack hilft Joey bei der Ausstellung ihrer künstlerischen Arbeiten; Dawson ist bei Miss Kennedy und deren Filmarchiv im Einsatz, Pacey ist Kapitän Skippie und Jen unterstützt ihre Großmutter bei deren Verkaufsstand.

Joey träumt vom Küssen und möchte ihre Zukunft wissen. Eine Wahrsagerin verheißt ihr die Tatsache, dass bald ein großer dunkelhaariger Mann in ihr Leben treten wird, sie solle ihre Mauern fallen lassen und sich ihrer Umwelt öffnen.

Tatsächlich besucht der junge dunkelhaarige Fotograf Collin nun Joeys Ausstellung und zeigt sich von deren Arbeiten höchst angetan. Jack drängt die Freundin, aktiv zu werden und es stellt sich heraus, dass Collin das Mädchen als Fotomodell haben möchte. Freudig stimmt jene zu und sie macht ihre Sache ganz großartig. Sie würde dem jungen Künstler nun gerne näherkommen, doch erweist sich dieser als homosexuell und vielmehr an Jack interessiert, worauf Joey von sich aus ein Treffen der beiden organisiert.

Auch Andie besucht die Wahrsagerin. Dieser erklärt dem Mädchen, ihre Zukunft würde noch viel dunkler aussehen, als die Vergangenheit. Verstört informiert nun Andie ihren Freund von diesen tristen Vorhersagen. Es gelingt diesem jedoch, das Mädchen zu beruhigen.

Ihm selbst wird nun vorhergesagt, sein Leben wäre wie ein Kartenhaus und würde beim kleinsten Windhauch in sich zusammenstürzen.

Grams bekommt an ihrem Stand Besuch von einem alten Freund aus ihrer Highschoolzeit, der sie zum Essen einladen möchte. Zuerst lehnt Mrs. Ryan das Ansinnen kategorisch ab, lässt sich aber letztlich von ihrer Enkelin breitschlagen.

Jen unternimmt nun alles, um das Outfit der alten Dame dem Anlass entsprechend gesellschaftsfähig zu machen, doch ist dies umsonst. Die Ehefrau des alten Bekannten fühlt sich nicht wohl, so muss das Date platzen.

Trotzdem meint Grams, sie wäre mithilfe ihrer Enkelin einen großen Schritt weitergekommen und nun zu einer weiteren Öffnung gegenüber ihrer Umwelt bereit.

Dawson möchte unbedingt, dass sich Miss Kennedy seinen Film ansieht und ihre Stellungnahme dazu abgibt. Ihre Kritik fällt herbe aus, sie verreißt Dawsons Werk und warnt ihn vor seinen Träumen in Zusammenhang mit Hollywood.

Der junge Filmemacher ist erschüttert und vor den Kopf gestoßen.

Und auch er sucht nun die Wahrsagerin heim. Jene gibt zwar vor, bereits geschlossen zu haben, legt aber dem Jungen nun doch die Karten: Eine Seelenverwandte würde ihn umkreisen und er solle versuchen, Verlorenes wiederzufinden.

Jack ist über Joeys Aktion mit dem ungebetenen Treffen erbost; sich mit einem anderen Schwulen zu treffen, so weit sei er noch lange nicht …

Jene teilt dies Collin mit. Dieser reagiert enttäuscht, hätte er doch kürzlich mit seinem langjährigen Freund Schluss gemacht und suche jemanden, der die Lücke fülle. Auf Joeys Frage, warum er denn seine Beziehung beendet hätte, weiß Collin nun plötzlich keine Gründe mehr, wofür das Mädchen großes Verständnis aufbringen kann.

Verzweifelt sitzt Dawson in seinem Zimmer, zerstört Jacks Modell von Capeside, betrachtet Joeys Foto und möchte sie telefonisch erreichen. Jene nähert sich gleichzeitig mit ihrem Boot dem Hause der Leerys.

So ist das Mädchen nicht erreichbar und Dawson löscht das Licht in seinem Zimmer, worauf sich Joey enttäuscht abwendet und nachhause rudert.

An der verschlossenen Haustüre wartet ein großer dunkelhaariger Mann, ihr Dad …

REVIEW 2.17

„Blick in die Zukunft" ist eine Episode, die sich in ihrer Bedeutung und Aussagekraft möglicherweise nicht auf den ersten Blick erschließt, was aber keineswegs deren Qualität infrage stellen soll.

Wie schon in 1.10 „Geliebte Feindin" wird auch hier ein Jahrmarkt als Rahmen für die einzelnen Plots verwendet. Wird in Staffel 1 durch das Herumwirbeln der Karusselle Bewegung signalisiert, so ist hier Winter; Stillstand, Unsicherheit, Angst vor der Zukunft und mangelnde Entscheidungsfreudigkeit beherrschen das Szenario, was auch in Joeys planlosem Aufhängen ihrer Bilder und Werke zum Ausdruck kommt.
    Der Subtext führt Regie …
    Einzig Katie Holmes durchaus gelungenes Debüt als Fotomodell bringt Bewegung.

Dawsons Träume werden mit einem Schlag zum Zerplatzen gebracht …
    Die primär hoch verehrte Miss Kennedy (Mädchen Amick), eine gleichermaßen attraktive, wie knallharte und ehrgeizige junge Leiterin des Filmkurses und hiermit Nachfolgerin von Mr. Gold, erweist sich sodann als krasse Fehleinschätzung, sie zerreißt nicht nur Dawsons „Creekdays" in der Luft, vielmehr erscheint sie Mitch Leerys zukünftiges „Loveinterest" zu werden.
    In dem Zusammenhang ist es interessant, dass für Staffel 6 (6.16 „Geister der Vergangenheit") wie selbstverständlich Mr. Gold wieder an die Capeside High zurückkehrt …

Mit dem jungen Fotografen Collin präsentiert sich neben Jack nun ein weiterer Homosexueller, wobei dieser, wie Joey ganz richtig sieht, von Anfang weg eindeutige Signale aussendet. Jack kann jedoch damit noch nichts anfangen. Für ihn bedeutet dies alles Neuland. Es erschreckt ihn der Gedanke, mit einem ähnlich Veranlagten überhaupt zu sprechen, geschweige denn einen solchen alleine zu treffen. Sofort zieht sich der Junge zurück und umgibt sich mit einer Mauer.

Collins Auftritt in DC hat jedoch noch einen anderen tiefen Sinn. Mit dessen Aussagen und Erklärungen in Zusammenhang mit seinem Exfreund trifft er punktgenau Joeys Nerv, auch sie kennt nun keinen einleuchtenden Grund mehr, warum sie mit Dawson Schluss gemacht hatte. Erstmals wird mittels des jungen Künstlers locker und auf ganz natürliche Weise mit einer homosexuellen Beziehung umgegangen, eine Thematik, die ja für DC in weiterer Folge große Bedeutung gewinnt.

Mit tatkräftiger Unterstützung zweier „bekannter Damen" stylt Jen die Großmutter für ihr geplantes Date. Es spielt nun letztlich gar keine Rolle, dass es dann doch nicht stattfinden kann, die Möglichkeit alleine reicht für die Großmutter aus, umdenken zu können, sich nicht mehr verschließen zu wollen. Die Zeit der Trauer ist vorbei; sie muss sich öffnen, was sie dann in S 4 bei Mr. Brooks und in den beiden letzten Staffeln bei Clifton Smalls und Onkel Bill letzten Endes erfolgreich umsetzt.

Jen gewinnt also nun ihrerseits positiven Einfluss auf die Großmutter. Die gegenseitige Einflussnahme wird zu einem Wechselspiel, von dem beide Beteiligten gleichermaßen profitieren.

Joey wird von der Wahrsagerin vom Erscheinen eines großen dunkelhaarigen Mannes in ihrem Leben informiert. Nun, Collin ist es nicht, Dawson kann es nicht sein, dieser ist ja blond; ist es nun ihr eigener Vater, der aus dem Gefängnis entlassen worden ist, oder ist es gar Pacey, womit bereits weit in die dritte Staffel hineingeblickt werden würde.

Die Logik spricht jedoch für Mike Potter, der in der finalen Szene vor verschlossener Türe wartet.

Dawson gegenüber argumentiert die Wahrsagerin mit der Liebeskarte; wieder ist von Seelenverwandtschaft die Rede, von jener transzendenten Liebe, die schon in 2.13 thematisiert wird.

Wird Joey durch den schwulen Collin das Hölzchen geworfen, so tut dies bei Dawson jene Wahrsagerin, die sich nach ihrer von Subtext durchsetzten Stellungnahme in Luft auflöst.

Gag oder hintergründige Symbolik …?

Bei Andie blickt die Wahrsagerin in dunkelste Abgründe, was das Verlöschen der Kerze auf dramatische Weise symbolisiert. Es wird also nicht besser …

Pacey relativiert das Ganze; ist doch alles Humbug, was die seltsame Tante von sich gibt. Er selbst glaubt fest an eine positive Entwicklung.

Die Metapher vom Kartenhaus, das beim kleinsten Windhauch zusammenstürzen würde, sitzt allerdings …

Von höchster Emotionalität und Dramatik sind die Schlusssequenzen geprägt; Dawson wie Joey gehen symbolisch aufeinander zu; beide wollen gleichzeitig den entscheidenden Schritt tun. Das Mädchen geht auf das Haus zu, der Junge versucht es per Telefon.

Das Licht erlöscht; erneut geben beide auf …

EPISODE 2.18
„Die perfekte Hochzeit" „Perfect Wedding"

Gale versucht, ihren Sohn nach dem vernichtenden Urteil von Miss Kennedy zu beruhigen und aufzubauen. Es sei nur eine subjektive Meinung und man könne ja noch etliches an dem Streifen umbauen …

Mike Potter ist nun also wieder daheim, was bei Joey ein ganzes Konvolut an widersprüchlichen Gefühlen auslöst. Einerseits ist sie überglücklich, andererseits jedoch hat sie große Bedenken in Zusammenhang mit den Veränderungen, welche die neue Situation mit sich bringen könnte.

Ähnlich geht es Bessie. Auch sie ist ganz aus dem Häuschen …

Mike Potter steckt sich unverzüglich hohe Ziele. Er möchte das Catering für eine große Hochzeitsfeierlichkeit übernehmen.

Joey bespricht die ganze Problematik mit Jack, der die Gedankengänge der Freundin durchaus verstehen kann.

Natürlich sagt er dem Mädchen seine Unterstützung zu und ersucht auch alle anderen Freunde um Mithilfe bei der Ausrichtung des Vorhabens.

Dawson ist überrascht, weiß er von der ganzen Sache ja noch nichts, sagt aber natürlich auch seine Hilfe zu. Einzig Andie hat Bedenken; sie meint, dass sie Hochzeiten so gar nicht leiden könne.

Jen und Abby haben wieder in Freundschaft zueinander gefunden. Gemeinsam beschließen sie, uneingeladen bei der Hochzeit zu erscheinen.

Dawson besucht Joey im Café …
Die beiden müssen mit anhören, wie die ortsansässige Bevölkerung über Joeys Vater lästert und dessen Rückkehr an den Pranger stellt.

Die Hochzeitsfeier selbst scheint sich zu einem Debakel zu entwickeln. Durch eine ungeschickte Handbewegung zerstört Andie die Hochzeitstorte, die Küche ist wegen des monströsen Projekts überlastet und die Braut ist sich keineswegs mehr sicher, ob sie nun tatsächlich heiraten möchte. Sie zieht sich zurück und ist kurzfristig unauffindbar. Zu allem Überdruss und sehr zum Missfallen Gales und ihres Sohnes erscheint Dawsons Vater in Begleitung von Miss Kennedy bei der Festlichkeit.

Lautstark beklagt Joey gegenüber Bessie, dass sich ihr Vater viel zu rasch viel zu viel zugemutet hat, was Mike Potter mithören muss.

Pacey ist letztlich bereit, die Torte zu retten, verlangt aber von Andie, dass sie ihre angeblich negative Einstellung zu Hochzeiten revidiert. In höchster Not und unter extremem Druck tut sie dies letzten Endes und zeigt sich nunmehr als absoluter Fan von derlei Feierlichkeiten …

Dawson findet die gänzlich aufgelöste Braut und versucht ihr zu helfen, scheitert aber.
Jack ist wesentlich erfolgreicher ...
Mit wenigen klugen und einfühlsamen Worten gelingt es dem Jungen, die junge Frau umzustimmen und zur Rückkehr zu ihrer Hochzeitsfeier zu bewegen.
Dawson bewundert Jack, dem er sich mit der Zeit durchaus freundschaftlich verbunden fühlt und klagt über die Tatsache, dass Joey nun immer zuallererst bei dem Freund Rat sucht. Dieser meint, man solle dies nicht überbewerten; Dawson sei mit Joey seelenverwandt, er lediglich mit dem Mädchen befreundet und dieser solle sich einfach noch mehr ins Zeug legen.

Abby und Jen versuchen, das Fest zu sprengen, werden jedoch von Andie der Feierlichkeit verwiesen; Abby lässt eine Flasche Champagner mitgehen, welche die beiden nun unten am Hafen leeren.
Schlussendlich geht doch alles gut.
Die Braut ist glückselig, die Hochzeitstorte gerettet, das Buffet ein voller Erfolg. Stolz ersucht nun Joey ihren Vater, sich der Öffentlichkeit zu präsentieren, doch dieser lehnt ab, noch ist er nicht so weit ...

Der enorme Stress hat an den Nerven gezehrt; schluchzend zieht sich das brünette Mädchen zurück; sie hat panische Angst, dass sie der Vater wieder seelisch verletzen könnte. Dawson tritt zu ihr, spricht auf sie ein und versichert ihr, dass sie immer auf ihn zählen könne.
Joey umhalst Dawson und bedankt sich ...

Jen und Abby betrinken sich ...
Zweitere verliert das Gleichgewicht und stürzt ins eiskalte Wasser. Schreiend springt Jen ihr nach ...

Dawson bittet seine einsam an einem Tisch sitzende Mutter zum Tanz, bestärkt sie, dass sie ihren Mann trotz allem nicht aufgeben solle, da betritt Mike Potter in Anzug und Krawatte das Szenario und ersucht seinerseits Joey um einen Tanz.

Mit einem Seitenblick auf Dawson meint der Vater zu seiner Tochter, es gäbe noch jemanden anderen, der dies gerne mit ihr tun würde.

Glücklich nimmt der Junge das geliebte Mädchen in seine Arme. Innig tanzen sie miteinander, gestehen einander ihre Liebe und küssen sich.

Am Hafen kommt jegliche Hilfe zu spät; Abby ist ertrunken.

Verzweifelt und ratlos steht, in Decken eingehüllt, die vor Kälte zitternde Jen da …

REVIEW 2.18

Mike Potter meint, genau dort fortsetzen zu können, wo er vor drei Jahren vor seiner Inhaftierung geendet hatte, nämlich mit dem Versuch, mittels eines Großauftrages das Café auf Vordermann zu bringen und damit seine Töchter zu versorgen.

Der Wille ist bemerkenswert, die Umsetzung jedoch ein Fehler; er hat die Töchter wahrlich „versorgt", mit Stress und wahnwitzigem Arbeitsaufwand, mit einem Minimum an Personal.

Ein wahres Glück, dass alle Freunde mitgezogen haben …

Der Mann vergisst, dass seine Töchter um genau die drei Jahre älter geworden sind und in der Zwischenzeit gelernt hatten, auf eigenen Beinen zu stehen, sich ohne elterliche Hilfe durchs Leben zu schlagen.

Da kann er nicht kommen und sagen, es würde jetzt alles anders; er entmündigt damit gleichsam beide …

Zudem fehlt jegliche Vertrauensbasis, was durch Joeys panische Aussage, sie ertrüge nicht, wenn ihr der Vater nochmals wehtäte, mehr als deutlich wird.

Joeys Argumente gegenüber der Schwester sind schlagend; Mr. Potter erkennt, was er falsch gemacht hat und tritt sofort leiser; er möchte sich noch nicht der Öffentlichkeit zeigen.

Joey bittet ihn inständig, er solle in Hinkunft immer nur ehrlich sein, möchte neues Vertrauen gewinnen, doch ist dies bei Gott nicht leicht.

Immer wieder steigt die quälende Unsicherheit in ihr hoch, was wäre wenn …

Nun jedoch findet Dawson genau die richtigen Worte, weist die Freundin auf ihre Stärken hin, gibt ihr das Bewusstsein, nicht allein zu sein, da sie ja in allen Lebenslagen mit Sicherheit ihn hätte.

Eine wunderbare und treffende Aussage, die Joey unverzüglich honoriert. Sie kann nichts anderes sagen als: „… danke, danke, dass du mein Freund bist, danke, dass du mich schon so lange erträgst und … ich liebe dich …"

Sie spricht aus, was sie ohnehin immer gefühlt hat, wirft die Gedanken an die vor Kurzem noch so erstrebenswerte Selbstfindung über Bord; etwas Besseres als Dawson wird sie in ihrem ganzen Leben nicht finden, und sie schließt ihren ewigen Freund in die Arme …

Das kleine Wörtchen „Hi" drückt alles aus; die Erleichterung, dass alles gut gegangen ist, dass der Vater wieder da ist und dass sie den Weg zurück zu Dawson gefunden hat.

Jack steht die Freude über die Wiedervereinigung der beiden ins Gesicht geschrieben, gefällig nickt der intuitiv, so gefühlvoll handelnde junge Mensch. Es ist wahrlich bewundernswert, wie es diesem gelingt, die der Verzweiflung nahe Braut mit wenigen Sätzen davon zu überzeugen, dass es die perfekte Beziehung, die perfekte Liebe nicht gäbe und sie trotzdem den Richtigen gefunden hat. Jack gewinnt in dieser Episode mehr als nur Pluspunkte; er erweist sich nicht nur der Braut gegenüber als überaus hilfreich, er hat seine Freundschaft zu Dawson vertieft, die in Hinkunft ein wichtiger Stabilitätsfaktor wird und den Charakter für das weitere DC unersetzlich macht.

Der Plot um Andie, Pacey und die Hochzeitstorte wird zum witzigen Faktor in einer hochdramatischen Episode. Andie präsentiert sich von ihrer wohl typischsten Seite als liebenswert-hektisches und naiv-ungeschicktes Nervenbündel.

Wenn man von der lädierten Hochzeitstorte absieht, macht sie jedoch einen entscheidenden Fehler, den sie in den fatalen Folgen niemals hätte erahnen können, sie schickt Jen und Abby weg, da die beiden nicht geladen sind, ein Fehler, der auch bei ihr selbst ungeahnte negative Auswirkungen haben wird.

Formal gesehen war es natürlich völlig berechtigt, die beiden Störenfriede zu entsorgen.

Pacey spielt mit seiner Freundin herum, betreibt ein neckisches Spielchen und beweist erstmalig Talent im Küchenwesen. Dawson wiederum wird übel, als er seinen Vater mit der verhassten Miss Kennedy antanzen sieht, sieht sich erneut zwischen den Fronten stehend, was er jedoch nicht mehr zu akzeptieren gedenkt.

Lähmende Langeweile hat sich Jen und Abby bemächtigt. Gemeinsam ziehen sie über die auf dem Hochzeitsfest tätigen Freunde her, wollen wieder einmal Bewegung in die statisch-provinzielle Gesellschaft bringen.

Natürlich muss Abby die Flasche Champagner mopsen. Andie sieht dies sogar, es ist ihr jedoch egal, Hauptsache, die beiden ungebetenen Gäste räumen das Feld.

Betrunken diskutieren die beiden ihr unglückliches Leben, sind überzeugt, niemals glücklich sein zu dürfen, wollen sich nur mehr betrinken, da macht der Alkohol Abby schwindelig, hart schlägt sie mit dem Kopf gegen das Holz der Brüstung. Sie möchte sich zurücklehnen, doch da ist nichts ...

Kopfüber stürzt sie ins Wasser hinunter; in Rettungsabsichten springt Jen ihr nach, doch es ist zu spät ...

Abby ist tot; in einem Sack wird ihr Leichnam abtransportiert, die zitternde Jen wird alleine zurückgelassen ...

Der Vorhang von Akt zwei dieser Staffel fällt ...

EPISODE 2.19
„Abbys Vermächtnis" „Rest in Peace"

Direkt von der Hochzeitsfeier weg, begeben sich Dawson und Joey zum Haus der Leerys und klettern die Leiter hinauf. Die Brünette ist sich nicht sicher, ob sie das jetzt wirklich tun sollen, doch der Junge will dies nun nicht mehr zerreden.

Das Pärchen will zu einem leidenschaftlichen Kuss ansetzen, da erblickt es die völlig verwahrloste und geschockte Jen auf Dawsons Bett sitzen.

Stockend berichtet jene von den schrecklichen Geschehnissen.

Die erste Stunde des nächsten Schultages beginnt mit einem Gedankenaustausch über Abby. Jen möchte nichts dazu beitragen; Andie jedoch versucht, die positiven Eigenschaften der Verunglückten hervorzuheben, worauf Jen spontan die Runde verlässt. Andie geht ihr auf die Toilette nach, wo die blonde New Yorkerin dem Mädchen aus Rhode Island genau jene Heuchlerei und Falschheit vorwirft, die Abby, das Miststück, der schlimme Finger, zeitlebens angeprangert hat. Sogar nach ihrem Tod würde sie dies nun als Vermächtnis weiterführen.

In weiterer Folge wird Andie auch mit dem Vorwurf, sie sei eigentlich indirekt an Abbys Unfalltod verantwortlich, konfrontiert.

Dawson und Joey unterhalten sich in der Cafeteria über die vielen Vorkommnisse der letzten Zeit, wobei sie jene, die ihre Beziehung betreffen, vorerst einmal hintanstellen wollen. Joey möchte an Abbys Beerdigung nicht teilnehmen; seit dem Tod ihrer eigenen Mutter wäre sie auf keinem Friedhof mehr gewesen und sie wolle sich den womöglich aufkeimenden Gefühlen nicht aussetzen.

Andie berichtet Pacey von den an sie gerichteten Vorwürfen, was dieser zurückweist. Seine Freundin hätte mit Abbys Unfall überhaupt nichts zu tun …

Nun nähert sich Mrs. Morgan dem Pärchen und ersucht Andie, bei der Beerdigung ein paar Worte zu sprechen, hätte doch Abby nur Gutes über sie gesprochen. Vorschnell sagt Andie zu, und rasch beginnt sie intensiv an der Sinnhaftigkeit dieser spontanen Entscheidung zu zweifeln …

Zur Vorbereitung der Rede möchte diese nun Abbys Zimmer sehen. Von ihrem Freund begleitet, will sie dies im Rahmen eines Kondolenzbesuches durchführen. Dort entdecken sie Abbys Tagebuch, das nur Gemeinheiten und Bösartigkeiten enthält, was die Zweifel des zierlichen, blonden Mädchens nun weiter schürt.

Grams möchte der gebrochenen und wieder einmal betrunkenen Enkeltochter beistehen und versucht diese, mit religiösen Mitteln aufzubauen. Dies gelingt nicht …

Im Gegenteil, Jen wirft der Strenggläubigen ein ganzes Paket an schrecklichen Blasphemien an den Kopf und meint, es wäre besser, wenn sie woanders leben würde. Die Großmutter ist schockiert …

Die Beerdigung hat begonnen. Joey hat sich doch zum Kommen entschlossen und bittet Dawson, ihr nur die Hand zu halten.

Der Geistliche ersucht um Gedenkworte, Jen erhebt sich, schildert der Trauergemeinde die Wahrheit über Abbys Charakter, prangert das Chaos der Welt an, schreit der Menge ihren Weltschmerz entgegen und bezeichnet Gott als Sadisten.

Das ist für Mrs. Ryan zu viel. Sie hätte bei der Trauerfeier der Enkelin erneut beistehen wollen, doch nun erhebt sie sich fassungslos und verlässt verbittert und wortlos das Gotteshaus.

Flehend blickt nun Mrs. Morgan Andie an …

Diese hält ihr Wort und beschreibt den Charakter der Verstorbenen völlig zu Recht als einen ewig fordernden, herausfordernden, der einen besonderen Platz in ihrem Herzen verdient.

Die Trauerfeier geht zu Ende, alle Anwesenden schmücken den Sarg mit Blumen, letztlich sitzt Jen allein da …

Andie tritt zu ihr, da rückt die New Yorkerin mit der Wahrheit heraus. Sie hätte vorgeschlagen, sich zu besaufen, sie hätte als Ort dafür den Hafen vorgeschlagen, sie wäre die Schuldige und hätte dies auf Andie und ihre eigene Großmutter projiziert. Zutiefst bereue sie dies, aber auch ihre gotteslästerliche Rede.

Nachhause zurückgekehrt bemerkt Jen, dass die Großmutter deren sämtliche Habseligkeiten zusammengepackt hat. Eine formelle Entschuldigung bei der zu Tode Gekränkten ergibt keinen Sinn mehr. Für Grams ist die Entscheidung gefallen. Sie weist die Enkelin aus ihrem Hause und wünscht, dass diese sich woanders eine Bleibe suche.

Dawson beteuert Joey gegenüber, wie glücklich er über das sei, was zwischen ihnen beiden vorgefallen war und auch Joeys Gefühle gehen in diese Richtung, doch das Mädchen hat noch etwas anderes zu tun und ersucht ihren Freund um dessen Begleitung.
Die beiden besuchen nun das Grab von Joeys Mutter, die Tochter legt Blumen auf den Stein. Joey lehnt ihren Kopf an Dawsons Schulter, dieser behauptet, Lillian Potter sei mit Sicherheit glücklich über ihre bezaubernde Tochter; schweigend verharren sie nun in stillem Gedenken.

Andie möchte keineswegs, dass Abbys Tagebuch mit seinen ganzen Abscheulichkeiten deren Mutter in die Hände fällt und besucht erneut das Haus der Morgans. Sie schleicht auf Abbys Zimmer, entnimmt der Schublade eines Spiegelschranks das Tagebuch und sieht plötzlich das Spiegelbild der Verstorbenen. Zu Tode erschrocken wendet sie sich um – das Zimmer ist leer …

REVIEW 2.19

„Abbys Vermächtnis" geht mit Sicherheit als eine der ganz großen Episoden in die DC-Geschichte ein. Mit unglaublichem Fingerspitzengefühl und dem entsprechenden Tiefgang wird mit dem Tod eines jungen Menschen umgegangen.

Man kann zum Charakter dieser Person stehen, wie man will, für DC war er ungeheuer wichtig. Sein Ende, sein unfallbedingtes Ausscheiden aus der Serie wird eine Lücke hinterlassen, die nicht leicht zu schließen sein wird.

Abby, das Miststück, grausam, bösartig, verlogen, intrigant, der Hölle entsprungen, Satansbraten ... viele Attribute hat dieser Charakter zugesprochen bekommen, und alle sind letzten Endes richtig.

Trotzdem hat dieser Mensch maßgeblich zu einer Bewegung, zu einer – oft erschreckenden – Ehrlichkeit, zu einer oft unangenehmen Wahrheitsfindung beigetragen, wobei das Paradebeispiel sicher die Folge 2.11 „Intrigieren ist ihr Hobby" darstellt.

Sogar noch im Tod ist sie im Stande, Falschheit und Heuchelei zu entlarven.

Ganz spät, in Episode 6.14, werden die Geschehnisse um Abby nochmals kurz thematisiert: Die betrunkene Joey plaudert unangenehme Geheimnisse der Freunde aus und meint expressis verbis, Jen hätte jene tatsächlich auf dem Gewissen.

Dawson sieht sich zwei weiteren Problemen ausgesetzt: Gale eröffnet ihrem Sohn, dass man ihr aufgrund des Erfolges der Dokumentation über die Probleme der weiblichen Jugend eine Stelle als Korrespondentin in Philadelphia angeboten hat.

In der Schule wiederum trifft er nun häufig den als Lehrkraft tätigen Vater, was auch nicht unbedingt angenehm ist ...

Die handelnden Personen setzen sich mit dem tragischen Ereignis nun auf ganz unterschiedliche Art und Weise auseinander; Joey grübelt anhand von alten Fotografien von ihrer Mutter über die Vergänglichkeit nach; Jen projiziert ihre vermeintliche Schuld auf andere, wird mit dem Faktum letztlich nicht fertig, lässt sich von nichts und niemandem helfen; auch Dawson erkennt die Vergänglichkeit und möchte deshalb lieben und leben, bevor es unter Umständen zu spät sein könnte, eine Tatsache, mit der er sich in der finalen Szene von 4.06 „Auf der Kippe" anhand der schlimmen Vorkommnisse rund um Andies Drogenkonsum und Zusammenbruch erneut auseinandersetzt.

Jene hat die weitaus unangenehmste Position, ist ohnehin extrem labil und steht in psychiatrischer Behandlung. Jetzt wird sie zusätzlich mit dem Vorwurf konfrontiert, sie wäre die Schuldige an Abbys Unfalltod.

Pacey redet ihr das aus, Jen bekennt sich ihr gegenüber als diejenige, die aus purer Langeweile die fatalen Vorschläge gemacht hat, doch Andie ist ohne Zweifel psychisch krank …

Die Vorwürfe, die Erlebnisse bei der Beerdigung, Jens Ausbruch, die eigene Rede haben sie mitgenommen und gänzlich aus der Bahn geworfen.

Die schlimme Auswirkung liefert die finale Szene; der Spiegel zeigt ihr die Verstorbene, die vermeintlich hinter ihr steht …

Grams bemüht sich um ihre Enkelin, lässt nichts unversucht, um auf das depressive Mädchen positiven Einfluss zu gewinnen, doch diese lässt niemanden an sich heran.

Im Gegenteil, sie vergrault mit ihren erschreckenden Aussagen gerade jene Person, die sie am meisten liebt. Grams kann sich das nun nicht mehr lange gefallen lassen.

Auch ihre Geduld hat Grenzen …

Einen letzten Anlauf nimmt sie jedoch noch und besucht ebenso die Beerdigung. Vor der christlichen Gemeinde wird sie nun gedemütigt und in ihren Gefühlen zutiefst verletzt.

Nichts auf der Welt dürfte der liebenden Großmutter schwerer gefallen sein, als die Enkelin nun vor die Türe zu setzen. Ihre radikale Entscheidung erscheint jedoch für beide Beteiligten richtig zu sein.

Auch Jack muss sich natürlich mit Abbys Tod auseinandersetzen und meint im Gespräch mit Joey, er wäre wahrscheinlich der Letzte gewesen, der das Mädchen geküsst hätte. Dieses Statement, aber auch die Antwort darauf, Abby hätte auf diese Weise also nochmals eingeschlagen, gehört zu den absoluten Highlights dieser Folge.

Eine der schönsten Sequenzen ist mit Sicherheit jene am Grab von Lilian Potter. Behutsam geht Dawson mit seiner geliebten Joey um, hält sich zuerst im Hintergrund, wartet die Andacht des Mädchens ab, tritt erst dann zu ihr und gibt ihr den Halt, den sie gerade in diesem Augenblick benötigt.

Schon vorher, im Gotteshaus, wird er von Joey gebeten, nur ihre Hand zu halten, eine liebevolle, behütende, Trost spendende Geste, die dem Mädchen schon zu Zeiten um den Tod von ihrer Mutter vertraut und hilfreich gewesen ist.

Der Plot um Dawson und Joey lässt nun Wurzeln aus früher Jugend einfließen, wundervoll breitet sich nun die Tiefe ihrer Beziehung aus; nichts Hinderndes steht mehr zwischen den beiden Liebenden.

„Abbys Vermächtnis", eine großartige Episode mit schlimmen Auswirkungen ...

EPISODE 2. 20
„Projekt Wiedervereinigung" „Reunited"

Bis auf Jack befinden sich alle Freunde auf Dawsons Zimmer und rätseln, warum sie sich hier zusammengefunden hätten. Jen wohne nun im Hause der Leerys und Joey brauche als Dawsons Freundin wohl keine Einladung. Pacey sieht die Sache differenzierter, sieht Cliquenbildung dahinterstehen und meint, man wäre kurz vor der Blutsbrüderschaft. Diese Aussage provoziert nun eine gewaltige Kissenschlacht.

Andie hat ihre Haare braun gefärbt ...
  In der Schule, auf dem Gang vor ihrem Spind begegnet ihr ein braunhaariger junger Mann, den sie liebevoll anlächelt.

Dawson und Joey diskutieren, wie man denn das einmonatige Jubiläum, was sie seien, was sie gewesen wären und was sie nun wiederum seien, würdevoll begehen könnte. Zuerst meint Dawson, man könne sich einen Film ansehen …

Joey ist enttäuscht, da gibt der Junge zu, bereits vor geraumer Zeit einen Tisch in einem feinen französischen Restaurant reserviert zu haben.

In der Schule trifft der Junge erneut auf den Vater, der sich immer häufiger in der Gesellschaft von Miss Kennedy befindet.

Andies therapeutische Sitzungen gehen weiter; eine andere medikamentöse Therapie wird erwogen. In ihrem Auto begegnet das Mädchen nun wieder dem braunhaarigenjungen Mann, der sich als krankhafte bildliche Vorstellung ihres verstorbenen älteren Bruders Tim entpuppt.

Im Restaurant möchten Dawson und Joey zu ihrem reservierten Tisch geleitet werden, doch stellt sich heraus, dass auch ein anderer Leery eine Reservierung durchgeführt hat, Dawsons Vater, der sich mit Miss Kennedy bereits am vorbestellten Tisch befindet. So bleibt dem jungen Pärchen nichts anderes übrig, als sich zu den beiden dazuzusetzen.

Sofort entwickeln sich nun Spannungen zwischen Miss Kennedy und Dawson, den verrissenen Film und die Hollywood-Träume des Jungen betreffend.

Joey ist dadurch genervt und ersucht ihren Freund um Rücksichtnahme auf ihren Jubiläumstag, was dieser auch verspricht.

Jen und Gale sitzen im Hause der Leerys am Kamin. Gemeinsam beklagen sie ihre problematischen Lebenssituationen und beschließen, zur inneren Erbauung und Zerstreuung auch das französische Lokal aufzusuchen.

Als Erste bemerkt Joey die New Yorkerin; gemeinsam beschließen die beiden Mädchen ein Komplott. Sie wollen das Ehepaar Leery wieder zusammenführen und lassen Dawson über ihre raffinierten Pläne im Ungewissen.

Pacey belauscht ein Gespräch Andies mit ihrem fiktiven Bruder. Vorerst meint der Junge, seine Freundin würde mit einem anderen Mann telefonieren, spricht sie darauf an und es kommt zu einem handfesten Streit, bei dem eine Lampe in Brüche geht.

Jack betritt die Szenerie und berichtet dem verstörten Freund von Selbstgesprächen seiner Schwester; diese erscheint auf der Treppe, erklärt den beiden Jungs schluchzend den schlimmen Sachverhalt und schließt sich im Bad ein.

Im französischen Restaurant scheint der Plan der Mädchen aufzugehen …

Sie organisieren, dass am Tisch der vier Wein serviert wird, der augenscheinlich von Gale in Auftrag gegeben wurde, Joey provoziert nun Miss Kennedy derart, dass sich diese beleidigt auf die Toilette zurückzieht und beide ersuchen die Band, ein Lieblingslied des Ehepaares Leery zu intonieren.

Und tatsächlich, Mitch fordert zu Dawsons großer Überraschung seine Noch-Ehefrau zum Tanzen auf.

Mit flehenden Worten versucht Pacey seine Freundin zu bewegen, das Bad zu verlassen, sich gegen den fiktiven Bruder und für ihn, ihren wirklichen Freund, zu entscheiden. Nach langem, zähen Ringen ist es letztlich so weit. Weinend verlässt Andie das Badezimmer und wird zu Bett gebracht.

Pacey und Jack besprechen die ernste Situation. Andies Bruder weiß sich keinen Rat mehr; so beschließt man schweren Herzens den Vater, Mr. Mc. Phee, anzurufen.

Der Abend im Restaurant ist gelaufen …

Gale bekräftigt gegenüber Jen, dass sie nun doch wieder Hoffnung hat, ihren Mann zurückzugewinnen und überdenkt ihre Pläne mit Philadelphia, da erblickt sie Mitch, der mit Miss Kennedy an der Hafenmauer steht und mit dieser in einen leidenschaftlichen Kuss vertieft ist.

Entsetzt und enttäuscht läuft Dawsons Mutter davon …

Dawson und Joey haben sich in ihr Boot zurückgezogen und besprechen die Ereignisse. Dabei ersucht das Mädchen um

Dawsons Beichte. Sie vermutet, dass der Junge an diesem romantischen Abend auch noch anderes eingeplant hat.

Beide gestehen, durchaus daran gedacht zu haben, „es" nun endlich zu tun.

Frohen Mutes begibt sich der Junge ans Ruder …

REVIEW 2. 20

Der Prolog bringt die Freunde zusammen; eine Standortbestimmung ist die Folge. Eigentlich hatte Dawson ja nur Pacey zu einem Filmabend eingeladen …

In diesem Szenario wird nun offenbar, dass Jen bei den Leerys Zuflucht gefunden hat und Joey nun wieder offiziell Dawsons feste Freundin ist.

Ab nun beherrschen drei Plots das Geschehen …

Andies Krankheitsbild spitzt sich zu. Offenbar sind die Erlebnisse um Abbys Tod für das labile Mädchen nicht verkraftbar, so erzeugt ihr Gehirn ihren heiß geliebten verstorbenen Bruder Tim, mit dem sie nun ihr Leben teilt.

Der einführende Akt von diesem so traurigen Geschehen war ja bereits in der Vorfolge mit Abbys fiktivem Spiegelbild zu sehen …

Weder Pacey noch ihrem Bruder, noch der Ärztin gegenüber erwähnt die psychisch Kranke ein Wort davon; es ist und bleibt ihr Geheimnis, das sie mit niemandem teilen will.

Die Szene im Auto lässt deutlich und auf hochdramatische Weise die innere Zerrissenheit des Mädchens erkennen, die sich sehr wohl des Sachverhalts bewusst ist und daran zerbricht, dass sie nichts dagegen tun kann.

Pacey setzt seine Freundin nun unter Druck; der Streit ist vorprogrammiert, nichts auf der Welt würde sie dazu bringen, dieses intime Geheimnis zu offenbaren.

Und doch muss sie letztlich die Flagge streichen, Jack und Pacey wird klar, dass es sich um eine fiktive Person handeln muss, mit der Andie sich artikuliert und sie erklärt den beiden, dass es sich um Tim handle.

Den Gipfel erreicht nun die Dramatik in den Sequenzen um Andies Flucht ins Bad.

Tim lockt, Pacey argumentiert, fleht, bekniet inständig …
Sein Einsatz ist von Erfolg gekrönt. Völlig kaputt, zerstört, todmüde vom durchgestandenen Kampf gegen sich selbst, wendet sich Andie vom fiktiven Tim ab, verlässt das Bad, benötigt dringend Schlaf; Gedanken an das schlimme Szenario in 2.08 „Helden" werden wach, Andie präsentiert sich in einem ähnlichen Zustandsbild, wie ihre Mutter.

Jack und Pacey müssen unverzüglich handeln, alleine und ohne Unterstützung durch Erwachsene werden sie mit der ausweglosen Lage nicht fertig. Der Vater soll kontaktiert werden.

Jen hat sich mit ihrer neuen Bleibe einmal abgefunden und hat nun mit Gale Leery eine Leidensgenossin. Die beiden lernen sich also mit der Zeit gut kennen und auch schätzen.

In 5.11 „Die andere Joey" ist aber überraschenderweise wenig von diesem Vertrauensverhältnis zu bemerken, als Dawson die blonde New Yorkerin als seine neue feste Freundin mit nachhause bringt …

So furchtbar die Situation um Andie ist, so harmonisch scheint die erneute Liebesbeziehung von Dawson und Joey zu verlaufen. Die beiden sind ein Herz und eine Seele, möchten zum einmonatigen Jubiläum einen romantischen Abend verbringen, sehen sich nun mit einer unangenehmen Situation konfrontiert und plötzlich liegt tatsächlich noch mehr Romantik in der Luft, als ursprünglich geplant.

Interessant, dass Jen und Joey gemeinsam das „Projekt Wiedervereinigung" ins Leben rufen …

Die Mädels machen ihre Sache gut; Dawson ist völlig verwirrt, kennt sich überhaupt nicht aus.

Dass letzten Endes die ganzen Bemühungen nicht wirklich Entscheidendes fruchten, liegt nicht an den Mädchen oder an Gale, sondern an Mitch und dessen Übungen, die seine Routine im Küssen – leider jedoch mit der Falschen – verbessern sollen.

Den Vogel abgeschossen hat in dieser Episode sicher jene Szene im Boot, die, wie viele andere auch, zu einem Klassiker für DC und für die Beziehung von Dawson und Joey geworden ist. Alles stimmt zwischen den beiden, die Romantik ist unüberbietbar, der Dialog des entzückenden Pärchens witzig und spritzig und ein so willkommener Kontrast zu den düsteren Geschehnissen um Andie.

Und ausnahmsweise funkt auch keine Jen dazwischen …

Offen bleibt allerdings, was nun tatsächlich geschieht …

Dawson ist der Treibende, Joey meint, sie seien noch sehr jung; ihr Blick ist ein wenig nervös-unsicher, als sie ihren Freund zum kräftigen Rudern antreibt.

Dieser liebt es, wenn Joey so energisch ist …

EPISODE 2. 21
„Der Abschied" „Ch…Ch…Ch…Changes"

Dawson hat für seine Abschlussarbeit des Filmkurses das Thema heldenhafte Veränderung im Film „Casablanca" zu bearbeiten. Anhand eines Interviews mit Joey, von der er behauptet, gerade jene hätte sich im vergangenen Jahr am meisten verändert, möchte er sich dieser Sache annehmen, doch seine Freundin winkt ab, in dem betreffenden Jahr hätte sie der junge Filmemacher schon mehr als ausreichend porträtiert.

Mr. Mc. Phee ist nach Capeside gereist und unterbreitet nun seinen Kindern, dass er fest gewillt sei, die ganze Familie nach Providence mitzunehmen, da es dort bessere medizinische Möglichkeiten gäbe, als in dem Provinznest. Die Kinder lehnen jedoch dieses Ansinnen kategorisch ab.

Erfolglos bemüht sich Dawson, eine geeignete Person für sein Interview zu finden. Weder Jen noch Pacey sind dazu bereit, wobei der Junge verzweifelt über die Tatsache ist, seiner Freundin in ihrer so schweren Zeit nicht in dem Maße helfen zu können, wie jener dies das ganze Jahr bei ihm selbst gelungen war.

Zusätzlich muss er nun von Jack die radikale Entscheidung Mr. Mc. Phees zur Kenntnis nehmen.

Er besucht diesen und versucht ihn mit allen Mitteln zu überzeugen, dass es für Andie besser wäre, hier bei ihm in Capeside zu bleiben. Mit dem Hinweis auf Paceys möglicherweise egoistisches Denken weist dies deren Vater energisch, kategorisch und unerbittlich zurück.

Letztlich stellt der Vater seiner Tochter nun aber doch die Entscheidung frei …

Jack berichtet Jen, die noch immer bei den Leerys logiert, von den neuen Entwicklungen. Diese meint, vielleicht würde man sich in Providence mit dem Vater versöhnen, worauf der Junge nun auch auf mögliche Veränderungen in der Einstellung von Jens Eltern zu ihrer Tochter verweist. Jene ruft daraufhin zuhause an und ersucht die Mutter, heim nach New York kommen zu dürfen. Mit dem Hinweis auf den noch immer vorhandenen väterlichen Zorn lehnt Jens Mutter dies jedoch ab.

Im Ice-House wird kräftig gewerkt; das Café soll um einen Musikclub erweitert werden. Joey ist von den so positiven Veränderungen an ihrem Vater begeistert, was Dawson zum Anlass nimmt, Mike Potter als Interviewpartner zu nehmen. Als Gegenleistung soll der Junge ein wenig bei den Umbauarbeiten helfen, wobei sich dieser genervt und nicht besonders geschickt präsentiert.

Joey hört nun das Interview mit und stellt Dawson zur Rede. Sie hätte mit der Vergangenheit abgeschlossen und möchte keine schmerzhaften Erinnerungen mehr in sich aufkommen lassen und ihr Freund solle doch die Kamera auf sich selbst richten. Entrüstet weist der Junge dies zurück; er hätte davor und vor der Tatsache Angst, dass dann seine Freundin bemerken würde, wie sehr sie sich über ihn hinausentwickelt hätte und er sie dadurch erneut verlieren könnte.

Joey kann dies letzten Endes entkräften, erklärt Dawson ihre Liebe und ihren Stolz darüber, mit ihm zusammen zu sein, es fehle nur noch ein weißer Gartenzaun und ihr Leben sei perfekt.

Sofort greift Dawson diesen Wunsch auf, verbringt die Nacht im Garten der Potters und erzeugt ein Stück dieses Zaunes.

Frühmorgens präsentiert der Junge nun stolz sein begonnenes Werk; Joey ist gerührt und von der Tatsache angetan, dass ihr Freund den ganzen Sommer in ihrer Nähe verbringen würde, damit er die weiße Holzkonstruktion fertig stellen könne.

Andie sieht letztlich ein, dass sie tatsächlich intensivere Hilfe benötige und ein Umzug also unvermeidlich sei. Auf Anregung der Schwester beschließt Jack, alleine in Capeside zu bleiben, muss aber gleichzeitig zur Kenntnis nehmen, dass sein Vater in absehbarer Zeit das Haus verkaufen möchte.

Jen unternimmt einen letzten Anlauf und begibt sich zum Haus der Mrs. Ryan, kehrt jedoch um und geht wieder. Im letzten Augenblick fängt Jack die New Yorkerin ab, die gerade ohne festes Ziel vor Augen in den Bus nach New York einsteigen will, und schlägt ihr vor, sie solle in Hinkunft bei ihm wohnen.

Andie und Pacey vereinbaren ein letztes Date zum Abschied. Nach einem romantischen Abend bummeln die beiden zum Hafen und tanzen an der gleichen Stelle wie beim ersten Mal, nach dem Schulfest, miteinander.

Dawson möchte Mike Potter das geliehene Werkzeug zurückgeben und begibt sich dazu in ein Hinterzimmer des Lokals. Dort muss der Junge zu seinem Entsetzen feststellen, dass Joeys Vater erneut mit Drogen handelt. Verstört begegnet er daraufhin die unwissende Joey, schweigt jedoch über das soeben Gesehene.

Mr. McPhee und Andie sind abfahrbereit. In letzter Sekunde kommt Pacey herbeigerannt; innig verabschieden sich die beiden Liebenden erneut voneinander ...

Der Wagen fährt ab, Jack und Pacey winken den Abreisenden nach.

Joey möchte bei Dawson für die Abschlussprüfungen lernen, schläft jedoch unverzüglich ein ...
Dawson richtet letzten Endes nun doch noch die Kamera auf sich selbst ...
Liebe sei Veränderung, ist nun sein finaler Schluss ...

REVIEW 2.21

Veränderungen ...
Standortbestimmung aber auch Ausblick ...
Zeit also, einmal genau dies zu hinterfragen ...

Als ersten Kandidaten, als erste Kandidatin will Dawson natürlich Joey ins Gebet nehmen, es ist einfach, liegt auf der Hand.

Die Frage ist, ob es tatsächlich das bereits vorhandene filmische Porträt ist, was jene zu ihrer rigorosen Ablehnung bewegt, oder ob sie vielleicht selbst erkennt, kein gutes Beispiel für Dawsons Aufgabe zu sein.

Denn so gravierend hat sie sich nicht verändert, schon gar nicht hin zum Heldentum. Immerhin hat sie ihren Selbstfindungsprozess, aber auch ihre Kunstbegeisterung anscheinend ad acta gelegt.

Sie muss sich im Augenblick ja auch nichts selbst beweisen, sie hat ja offenbar alles, was sie sich wünscht. Der Vater ist zurück und sie ist wieder mit Dawson zusammen, das Café scheint gut zu laufen und der geplante Club lässt auf eine günstige finanzielle Entwicklung erhoffen.

Jen ist als Dawsons Opfer ebenso ungeeignet. Auch sie weiß das und macht sich einfach nur lustig, indem sie als ihre größte Veränderung die nunmehrige Kürze ihrer Haarpracht bezeichnet.

Jack hat für das Interview keine Zeit, was eine gewisse Symbolkraft haben könnte, denn er braucht Zeit, um seine neue Identität zu finden.

Pacey bringt nun als Einziger die ganze Sache auf den Punkt: Nein, Held ist er bei Gott keiner. Ganz im Gegenteil …

Jetzt, wo ihn seine Freundin so dringend benötigen würde, versagt er, kann ihr nicht helfen, seine Liebe reicht offenbar nicht aus. Natürlich ist der Junge viel zu streng zu sich; er vergisst bei seiner Selbstanklage, dass in Andies Fall ja nur eine intensive medizinische Therapie Früchte tragen könnte.

Bei aller Liebe, das kann Pacey seiner Freundin aber nicht anbieten.

Er schätzt die Fakten einfach falsch ein.

Andies positiver Einfluss war ja nur deshalb möglich, weil er selbst willens war, sich zu verändern, seine Faulheit zu überwinden.

Und im Gegensatz zu seiner Freundin war und ist er ja nicht krank …

Aufgrund der schlimmen Erlebnisse der letzten Zeit ist ihm jedoch derlei negatives Gedankengut keineswegs zu verdenken.

Mike Potter, der Held …

In einer Momentaufnahme scheint Joeys Vater tatsächlich der am besten Geeignete zu sein, den Ansprüchen von Dawsons Arbeit Genüge zu tun.

Joey jedoch ist diejenige, die das Ganze stoppt. Sie will einfach nicht an Vergangenes erinnert werden, sicherlich sind viele familieninterne Probleme noch gar nicht aufgearbeitet, werden von der Arbeit am neuen Club und Mike Potters ausgeprägtem Arbeitswillen zugedeckt oder überlagert.

Und die Tochter weiß gar nicht, wie Recht sie damit hat, Dawsons Unterfangen zu unterbinden. Nur das Motiv ist gänzlich anders …

Mit der erschreckenden Entdeckung im Hinterkopf hat Dawson nun keine andere Wahl. Er muss sich quasi selbst in seine Arbeit einbringen und er weiß dabei genau, dass auch er keineswegs eine heldenhafte Veränderung durchlebt hat.

Sein Schweigen gegenüber Joey beweist dies nachdrücklich …

Auf Jacks Anruf hin hat sich Mr. Mc. Phee dazu durchgerungen, ein Machtwort zu sprechen. Die Familie muss mit nach Providence. Es ist aus mehreren Gründen verständlich, dass nun Jack und Andie völlig ablehnend darauf reagieren.

Jack hat mit seinem Outing und dessen Auswirkungen selbst genug Probleme und weiß, dass es dem Vater da ganz ähnlich geht. So erscheint ein Leben unter einem Dach nicht wirklich erstrebenswert. Sein vom Vater letztlich auch aus Gründen des eigenen Selbstschutzes akzeptierter Entschluss, mutterseelenallein in Capeside zu bleiben, ist an sich ein guter und er weiß ja Jen an seiner Seite, die er im letzten Augenblick von einer Verzweiflungsaktion abbringen kann. Es ist kaum auszudenken, was geschehen wäre, wenn das Mädchen ihren Plan, ohne festes Ziel nach New York zurückkehren zu wollen, wahrgemacht hätte.

Natürlich wohnen in Andies Brust zwei Seelen; so gerne sie bei ihrem Freund in Capeside auch bleiben würde, so ist ihr am Beispiel der eigenen Mutter wohl klar, dass eine Besserung ihres Zustandbildes ohne ausreichender medizinischer Überwachung höchst unwahrscheinlich ist.

Um jedoch weiter mit ihrem Freund zusammen sein zu können, muss für sie diese Verbesserung jedoch unbedingt eintreten. So muss sie also den dornigen, aber immer noch mehr Erfolg versprechenden Weg wählen und eine zeitlich befristete Trennung von Pacey akzeptieren, was schlussendlich schweren Herzens auch dieser tun muss. Die Szene des Abschiedstanzes unten am Hafen ist nun mit Sicherheit eine der am meisten berührenden aus Staffel zwei, stellt doch gerade dieses Paar jenes mit dem höchsten gemeinsamen Reifegrad dar.

Und mit Jacks Vorschlag an Jen, sie möge nun bei ihm wohnen, ist das nächste, das wohl interessanteste „Paar" in DC restlos begründet.

Hand in Hand marschieren die beiden nun die Straße entlang.

Für Spannung und Dramatik in Hinblick auf das bevorstehende Staffelfinale ist in jedem Fall gesorgt…

EPISODE 2.22
„Ein fataler Entschluss"
„Parental Discretion Advised", das Staffelfinale

Dawson und Joey diskutieren anhand eines Filmklassikers die Tatsache, dass zwar die äußeren Umstände ein Zusammenkommen von Liebenden verhindern könnten, nicht aber die Liebe selbst. Angesprochen darauf, ob Joey nun Dawson immer lieben würde, meint jene im Brustton der Überzeugung, dies sei irrelevant, sie beide würden sehr wohl ein Happy End bekommen.

Dawson holt Joey von zuhause ab, um mit ihr gemeinsam zur Schule zu gehen. Gegenüber Mr. Potter verhält sich der Junge nun sehr reserviert, macht subtile Andeutungen und gibt dem Mann so zu verstehen, dass er nicht ganz unwissend sei.

Jen hat sich für ihre Abschlussprüfungen ausführlich mit dem Thema Suizid bei Teenagern beschäftigt. Jack gegenüber gibt sie sich depressiv und durchaus zu einer derartigen Aktion befähigt. Grams erscheint bei der Schule und bittet die Enkelin, zu ihr zurückzukehren. Diese lehnt dies jedoch ab …
    Jack ist überzeugt, dass es besser sei, die Freundin würde das Angebot ihrer Großmutter annehmen, was diese in ihrer katastrophalen Stimmung in die falsche Kehle bekommt und sie meint daraufhin, der Junge wolle sie nun aus dem Haus haben und los werden.
    Dieser klärt in weiterer Folge die Sache jedoch mit dem Argument, der Vater wolle die Immobilie verkaufen und auch er müsse sich alsbald um eine neue Bleibe umsehen.

Pacey wird von John Witter im Polizeiauto zur Schule gebracht und bekommt mit, dass die Exekutive das „Ice-House" überwacht. Schützend stellt sich der Junge vor die Familie Potter, der Vater bleibt allerdings eine Erklärung schuldig und weist lediglich darauf hin, dass der Sohn seine Prüfungen nicht verbocken solle. Diesem ist mit Andies Abreise alles einerlei geworden und er ist nicht bereit, ein Wort auf seine Prüfungsbögen zu setzen.

Dawson ersucht seine Mutter um Rat, wie er denn nun mit diesem seinem Wissen umgehen solle. Gale empfiehlt, entweder mit Joey oder direkt mit Mike Potter zu sprechen. Des Weiteren klärt sie ihren Noch-Ehemann über ihre Absichten in Zusammenhang mit Philadelphia auf.

Dawson wählt den zweiten Weg, wirft Joeys Vater eine Fülle an Vorwürfen ins Gesicht und ersucht diesen dringend, die ganze Sache so schnell als möglich zu bereinigen.

Da das Café wegen des Umbaus geschlossen ist, haben sich ebendort die Freunde zum Lernen eingefunden.
John Witter erscheint und teilt seinem Sohn mit, er wünsche nicht, dass dieser hier verkehre, und schickt ihn zum Polizeiwagen. Gleichzeitig will er Mike Potter sprechen und möchte von diesem Informationen über dessen alten Freund Pitt, der mit erheblicher Drogenvergangenheit belastet ist. Mike Potter lügt; er kenne den betreffenden Mann, mit dem er von Dawson beim Dealen beobachtet worden war, nur flüchtig und privat und auch Joey gegenüber spricht er nicht die Wahrheit und erklärt, John Witter hätte ihn nur offiziell begrüßen wollen.
Der Kriminelle handelt nun; er möchte in dem WC des Lagerraums die Säckchen mit dem Suchtmittel verschwinden lassen, da klirrt Glas, in hohem Bogen fliegt eine brennende Fackel in den Innenraum; binnen Sekunden brennen Teile des „Ice-House" lichterloh. John Witter und Pacey bekommen vom Wagen aus rasch das Unglück mit und verständigen die Feuerwehr, und sofort ist der Polizeichef restlos davon überzeugt, Mike Potter hätte ihn belogen, was Pacey noch immer nicht glauben will; heftig meutert er dagegen, was ihm eine kräftige Ohrfeige des Vaters einträgt.
Die jungen Leute im Inneren des Cafés merken sofort, was vorgefallen ist; Pacey schleppt die panisch nach ihrem Vater schreiende Joey ins Freie und Jack bringt die regungslos in die Flammen starrende Jen in Sicherheit. In

letzter Sekunde gelingt es Dawson, einen Feuerlöscher in Gang zu setzen und sich zu Mr. Potter einen Weg durch die Flammen zu bahnen, und er rettet dem Mann damit das Leben. Gemeinsam mit Mr. Witter schleppt er diesen aus dem Gefahrenbereich.

Grenzenlos erleichtert läuft Joey ihrem Vater in die Arme und lässt dabei ihren Freund, den Lebensretter, achtlos stehen.

Dieser muss nun sein Protokoll abgeben, wird nun von Joey als Held bezeichnet, doch er lehnt diese Bezeichnung ab, zu tragisch seien die Umstände.

Erneut lästert John Witter über Pacey, über dessen leere Prüfungsbögen und vor allem über Andie …

Diesmal schlägt Pacey zu und brüllt dem Vater ins Gesicht, was immer auch Mike Potter angestellt habe, so sei dieser in jedem Fall der bessere Vater als sein eigener.

Das Ice-House ist eine Brandruine … Bessie bespricht mit dem Vater die Versicherungsformalitäten; Joey tritt hinzu und verlangt den Eid Mike Potters, dass er nichts mit dem Brand zu tun habe und auch nicht über irgendwelche kriminellen Hintergründe Bescheid wisse, was dieser seiner Tochter schwört.

Dawson berät sich nach dieser Eskalation mit seinen Eltern, welche nun keinen anderen Ausweg mehr sehen, als die Polizei zu informieren, wenn auch die Auswirkungen dann andere als die erwarteten oder erhofften sein könnten.

Der Junge geht nun zu Joey und erzählt ihr die brutale Wahrheit. Diese glaubt ihm nicht, immerhin hatte der Vater seine Unschuld geschworen …

Sie muss sich aber letztlich den schlagenden Argumenten ihres Freundes, man hätte keine andere Wahl, als zur Polizei zu gehen, beugen, wirft diesem jedoch vor, er hätte zuerst mit ihr und nicht mit ihrem Vater oder seinen Eltern sprechen und überhaupt seine Finger davon lassen sollen …

Dessen Ansinnen, den eigenen Vater ans Messer zu liefern, würde mit Sicherheit ihre Beziehung nicht überleben.

Mitch Leery beschwört, wie toll doch Dawsons Verhalten sei und wie glücklich er wäre, wieder eine Familie zu haben.

Auf Knien bittet er Gale, hier bei ihnen in Capeside zu bleiben. Diese lehnt dies ab, sie müsse nun einfach den steinigen Weg, nach Philadelphia gehen …

Jen begibt sich zu ihrer Großmutter, stellt jedoch Bedingungen für ein erneutes Zusammenleben: Respekt, Hilfe und Unterstützung statt Kritik, und Jack solle bei ihnen wohnen dürfen. Zu all dem ist Grams nun gerne bereit …

John Witter sucht seinen Sohn heim und teilt diesem mit, er hätte einen Anruf von Andie erhalten, wobei diese ihm vieles erzählt und Pacey als ihren Helden bezeichnet hätte.
Der Vater heißt nun den Faustschlag des Sohnes für gut; er hätte dies verdient, weiß er ja wirklich nichts über ihn und dessen Probleme, und er hätte die Schule um einer Verschiebung seiner Prüfungen gebeten.
In den Armen seines Vaters weint sich Pacey aus …

Dawson, Joey und das Ehepaar Leery befinden sich bei Chief Witter. Joey benimmt sich aggressiv, stellt sich vor ihren Vater, da möchte Dawson sie alleine sprechen und erklärt ihr, Paceys Vater wolle der Familie nur helfen; Mr. Potter müsste nur alle Informationen preisgeben, dann könnte sich dies positiv auf die Länge der Inhaftierung auswirken.
Das Mädchen hat jedoch alles Vertrauen verloren und bezeichnet Dawsons Schwarz-Weiß-Welt als Grund, warum sie sich in ihn verliebt hätte, aber auch als Grund für eine Trennung.
Jocy stellt nun den Vater zur Rede, dieser beichtet gegenüber der Tochter seine erneute kriminelle Handlung und meint, er hasse sich und seine Schwäche so sehr, dass er sich gewünscht hätte, beim Feuer selbst umzukommen. Joey ist restlos verzweifelt; entschuldigend, weinend zeigt sie Mike Potter ein Mikrofon, welches sie um den Bauch geschnallt trägt.
Langsam verlässt der Mann sein Haus, schreitet an der sich verächtlich abwendenden Bessie, die Alexander mit sich trägt, vorbei und er steigt in John Witters vor dem Haus geparktes Polizeifahrzeug ein.
Völlig verbittert tritt Joey zu Dawson, lehnt rundweg dessen angebotene Unterstützung ab, ist überzeugt, diesem

niemals verzeihen zu können und würde den Jungen am liebsten gar nicht mehr kennen; es gäbe also durchaus äußere Umstände, gegen welche die Liebe keine Chance hätte.

„Machs gut Joey …"
Mit hängendem Kopf steht Dawson am Ufer des Creeks …

REVIEW 2. 22

Im Prolog keimt noch Hoffnung auf; Joey ist von einem Happy End mit Dawson überzeugt …
Dann allerdings breitet sich ein schwarzer Schatten aus, der über dem Staffelfinale hängt, sich immer weiter verdichtet und ein tristes Fiasko in dunkle Farben einhüllt.
Klagend unterstützt dies der zumeist instrumental gehaltene Soundtrack.

Indirekt trägt sich Jen mit Suizidgedanken; nirgendwo ist sie willkommen. Die Eltern in New York lehnen sie weiterhin ab; erneut schlägt sie die Türe zum Haus der Großmutter zu und dann kommt zu allem Überdruss noch Jack mit der Hiobsbotschaft, dass der Vater das Haus verkaufen wolle.
Hat ihr nun das Erlebnis des Feuers, der Todesgefahr die Augen geöffnet?
Mit ihren klug gewählten Bedingungen, unter denen sie nun doch unter das Dach der Großmutter zurückkehren würde, macht sie jedenfalls das Beste aus ihrer ziemlich ausweglosen Lage und nimmt vor allem Jack mit, der dringend die Unterstützung einer Familie benötigt.
Dieser Plot endet letztlich mit positiven Auspizien.

Letztlich ist aber auch das Verhältnis von Pacey zu seinem Vater gereinigt. Es waren zwar verbale Injurien und Handgreiflichkeiten dazu notwendig und wieder ist es Andie, die unendlich Positives für ihren Freund bewirkt hat. Endlich erkennt der Vater, wie ignorant er sich dem eigenen Sohn gegenüber verhalten hat, und regelt nicht nur dessen schulische Angelegenheiten, sondern erfüllt auch Andies Bitte, den Jungen stellvertretend für sie zu umarmen, er nutzt die Situation auch noch, um dem Sohn die Möglichkeit zu geben, sein Herz auszuschütten.

Das war das Positive ...
Alles andere ist Tristesse pur ...

Hat es nach dem Gespräch Dawsons mit Mr. Potter noch den Anschein, es gäbe vielleicht Lösungsmöglichkeiten, so ist mit dem Eingreifen der Polizei und der Brandlegung auch vom Subtext her der Ofen aus. Die traurigen Realitäten haben alle Beteiligten nun erfasst und eingeholt.

Zwei Mal hat Dawson bei seinen Eltern Rat geholt und es ist verständlich, dass er der rundum glücklichen Joey gegenüber Stillschweigen hält. Ob das richtig ist, steht auf einem anderen Blatt Papier.

Nun, da die Dinge eskaliert und möglicherweise lebensgefährlich geworden sind, steht der Junge erneut unter Handlungsbedarf. Der Rat der Eltern, zur Polizei zu gehen, ist ein ebenso kluger, wie primitiver, dem Schwarz-Weiß der Leery-Männer gehorchend.

Dawson modifiziert allerdings diese Empfehlung und sucht nun doch den Umweg über Joey. Möglicherweise vermutet er, dass dieses Gemeinsame den Zusammenhalt stärken, oder dass Joeys Familie quasi durch die Selbstanzeige Bonuspunkte erhalten könnte.

Wie auch immer ...

Auf welche Weise hätte man sonst das Dilemma in den Griff bekommen können?

Dawson hätte zuwarten und die Finger aus der Sache nehmen können. Vielleicht wäre man Mike Potter ohne sein Zutun bald auf die Schliche gekommen ...

Vielleicht wären die Ermittlungen der Polizei aufgrund der Brandruine im Sande verlaufen, Mike Potter hätte die Sache mit der Versicherung geklärt und nichts wäre mehr passiert ...

Nein, viel zu primitiv ...

Dawson hätte warten können, bis Joey von selbst die Wahrheit erkannt hätte, was ihm aber möglicherweise Ähnliches eingebracht hätte, wie dem Mädchen ihrerseits in Staffel 1 in Zusammenhang mit ihrem Vertrauensmissbrauch in Sachen Ehebruch der Mutter.

Gerade dieses Zuwarten, die Geduld war bislang eine von Dawsons Stärken. Nun hat er diese plötzlich nicht, er sieht seine Joey in unmittelbarer Gefahr, da fühlt er sich zum Handeln gezwungen.

Dawson hätte die Möglichkeit gehabt, statt die Eltern zum Beispiel Jack, den intuitiven, klugen, überlegten zu fragen, doch welche andere Lösungsmöglichkeit hätte dieser aus dem Hut gezaubert?

Es scheint jedenfalls so, dass es am besten gewesen wäre, vor der Eskalation Gale Leerys ersten Ratschlag, a priori mit Joey zu sprechen, anzunehmen, sie ganz subtil darauf hinzuweisen, was der Vater da so tut. Alles andere hätte dann das Mädchen selbst in die Hand nehmen müssen und Dawson wäre aus dem Schneider.

Nein, es ist Tatsache; die ganzen äußeren Umstände sind in einer Art vertrackt, dass eine für das Pärchen Dawson und Joey halbwegs annehmbare Lösung fast nicht möglich erscheint. In jedem Fall wären die Differenzen eskaliert und sei es nur aus Joeys Stolz heraus.

Schlussendlich lässt das Mädchen ihre Wut, Enttäuschung und Verbitterung an dem Menschen aus, der sie nur schützen wollte. Die herben, bitteren, die unerbittlichen Worte der finalen Szene, die Versicherung, dem Jungen niemals vergeben zu wollen, klingen lange und schrecklich nach …

So endet die zweite, so großartige Staffel in einer veritablen Katastrophe.

Die Geschwister Potter stehen neben der erneuten Blamage vor dem finanziellen Ruin, der Vater ist wieder hinter Gittern und Joey hat ihren Freund auf grausame Art und Weise in die Wüste geschickt.

Einsam steht dieser nun in der Gewissheit da, Joey endgültig verloren zu haben und die nun auch räumliche Trennung seiner Eltern ist mit Gales Entscheidung, nach Philadelphia zu ziehen, vollzogen.

Zurück bleibt ein unvollendeter weißer Gartenzaun, genauso unvollendet, wie nun auch die Beziehung zwischen Dawson und Joey; eine Metapher, die Vergleiche mit Staffel drei und Paceys Wand zulässt. Die bröckelnden Fassaden, die sich dahinter verbergen, erinnern jedenfalls deutlich an Staffel 1, wo Joey gegenüber Dawson das Wissen um Gales Fehltritt bei sich behalten hat …

Klagend begleitet der Soundtrack den verloren herumstehenden Dawson; den bizarren Kontrast dazu liefert die liebliche Landschaft und das Glitzern des Flusslaufs, des Creeks.

Bewerten
Sie dieses Buch
auf unserer Homepage!

www.novumverlag.com

Der Autor

Reinhard Bicher, 1957 in Wien geboren, leitet zivilberuflich eine eigene Wirtschaftsdienstleistungsfirma. Daneben ist der Vater eines 20-jährigen Sohnes in sozialen Belangen engagiert. Die ersten Höhepunkte seiner schriftstellerischen Tätigkeit erlebte der mit einer Ärztin verheiratete Autor mit der Publikation seines Romans „Griff nach den Sternen" (2005) und des Lyrikbandes „Brückenschlag" (2007), sowie mit der dreibändigen analytischen Reihe zur TV Serie „Dawson's Creek" (2008/2009), deren dritter und letzter Band hier vorliegt.

Der Verlag

Der im österreichischen Neckenmarkt beheimatete, einzigartige und mehrfach prämierte Verlag konzentriert sich speziell auf die Gruppe der Erstautoren. Die Bücher bilden ein breites Spektrum der aktuellen Literaturszene ab und werden in den Ländern Deutschland, Österreich, Schweiz und Ungarn publiziert.

Das Verlagsprogramm steht für aktuelle Entwicklungen am Buchmarkt und spricht breite Leserschichten an. Jedes Buch und jeder Autor werden herzlich von den Verlagsmitarbeitern betreut und entwickelt.

Mit der Reihe „Schüler gestalten selbst ihr Buch" betreibt der Verlag eine erfolgreiche Lese- und Schreibförderung.

Manuskripte sind beim novum Verlag jederzeit gerne willkommen!

Rathausgasse 73
A-7311 Neckenmarkt
Tel: 02610/431 11

www.novumverlag.com

AUSTRIA | GERMANY | SWITZERLAND | HUNGARY

Das späte Dawson's Creek
Reinhard Bicher

Der Wiener Autor Reinhard Bicher versucht anhand von Episodenbeschreibungen und Kritiken, das „späte Dawson's Creek", also die letzten beiden Serienstaffeln zu beleuchten, und auf die Fragestellung „Höhepunkte oder Abgesang von Dawson's Creek" eine weitgehend objektive Antwort zu finden …

ISBN 978-3-85022-358-4 Format 13,5 x 21,5 cm · 236 Seiten
€ (A) 16,90 · € (D) 16,40 · sFr 30,10

Dawson's Creek
Das Zentrum
Reinhard Bicher

Im zweiten des insgesamt dreibändigen Werkes wird anhand von Episodenbeschreibungen und Analysen das „zentrale Dawson's Creek", also die beiden mittleren, für die weiteren Handlungsverläufe so maßgeblichen Staffeln der US-TV-Serie, kritisch hinterfragt und durchleuchtet.

ISBN 978-3-85022-482-6· Format 13,5 x 21,5 cm · 252 Seiten
€ A) 16,90 · € (D) 16,40 · sFr 30,10